罗诺克 Roanoke
消失的世界和神秘的文明
The Lost World *and* Mysterious Civilization

[美] G.S.普伦查斯／著　许群航　谢　婧／译

上海科学技术文献出版社
Shanghai Scientific and Technological Literature Press

图书在版编目（CIP）数据

罗诺克 /（美）G.S. 普伦查斯著；许群航，谢婧译．—上海：上海科学技术文献出版社，2017
（消失的世界和神秘的文明）
书名原文：The Lost World of Roanoke
ISBN 978-7-5439-7272-8

Ⅰ.①罗… Ⅱ.①G…②许…③谢… Ⅲ.①世界史—古代史—文化史—通俗读物 Ⅳ.①K12-49

中国版本图书馆 CIP 数据核字（2017）第 007076 号

图字：09-2015-636

责任编辑：张　树　苏密娅
封面设计：许　菲

丛书名：消失的世界和神秘的文明
书　名：罗诺克
[美]G.S. 普伦查斯　著　许群航　谢　婧　译
出版发行：上海科学技术文献出版社
地　　址：上海市长乐路 746 号
邮政编码：200040
经　　销：全国新华书店
印　　刷：昆山市亭林印刷有限责任公司
开　　本：720×1000　1/16
印　　张：5
插　　页：4
字　　数：71 000
版　　次：2017 年 3 月第 1 版　2017 年 3 月第 1 次印刷
书　　号：ISBN 978-7-5439-7272-8
定　　价：25.00 元
http://www.sstlp.com

英国殖民者于 1585 年到达罗诺克岛。他们建立完殖民地后，才觉得这不是个理想的地方。

1587年夏天，第二批英国殖民者到达罗诺克岛。他们刚到，就得知这个地方被当地人袭击了。

当英国得知西班牙准备进攻时，弗朗西斯·德瑞克和查尔斯·霍德华袭击了西班牙港口。他们成功地破坏、捕获了西班牙船只，这样一来，西班牙就不可能按计划进攻英国皇家海军了，但这次海军行动推迟了怀特返回罗诺克的行程。

当时，约翰·怀特在新世界创造了水彩画。他描绘了美洲当地人及北卡罗来纳州的风光，这为英国了解新世界做出了巨大贡献。怀特画了一个插图，描绘了一个本土美国男人和女人从篮子里拿东西吃的场景。

约翰·史密斯在弗吉尼亚州遇见了美洲土著人。詹姆斯敦殖民者十分关心他们的罗诺克祖先，努力了解他们的现状。

雷利与伊丽莎白女王的关系使得他与皇家宫廷走得很近。但詹姆士一世登上王位后，一切都变了。雷利被控有叛国罪，于1618年被斩首。

目　录

第一章　美洲最古老的秘密　/001

第二章　开拓北美殖民地　/006

第三章　罗诺克殖民者的到来　/018

第四章　意想不到的延误　/027

第五章　怀特返回北美洲　/036

第六章　消失的殖民地之谜　/045

第七章　殖民者们发生了什么　/054

第八章　消失的殖民地　/067

时间表　/072

时间轴　/076

第一章　美洲最古老的秘密

1590年8月15日，2艘英国轮船“希望号”和“月光号”停泊在如今的北卡罗来纳州。“希望号”的一名乘客约翰·怀特当时正返回名为“外班克斯岛”的地方。早在3年前，他就将117名英国居民留在了附近的小岛上。在英国著名探险家、皇家官员沃尔特·雷利的资助下，这群居民来到北美洲，建立了英国在这片大陆上的首个永久殖民地。作为该殖民地的统治者，怀特为了获得急需的物资勉强同意返回英国。由于英国和西班牙之间的战争及其他预料之外的原因，怀特3年内都没能回到殖民地。

在那2艘船抛锚的晚上，怀特在日记中写道：“我们第一次停靠在这个海岸，只见罗诺克岛升起一股浓烟，这离我1587年离开殖民地时的地方很近。这股烟让我们满怀希望，殖民地的一些居民正盼望着我离开英国，回到殖民地。”怀特有许多强有力的理由，让自己充满希望。他觉得自己应当担负起对殖民地的责任，一直担心那里的民生状况。临走时，他留下了他所有的财产，包括罕见的地图、书籍和一套盔甲。更重要的是，他的家庭依然留在罗诺克岛，他的女儿艾莉诺、女婿亚拿尼亚·戴尔和刚出生的外孙女弗吉尼亚·戴尔，她是在北美洲出生的第一个英国孩子。怀特离开小岛时，她才出生9天。怀特渴望与家人团聚，也想看看殖民地建设进展如何。

罗诺克岛

怀特努力与殖民者汇合，但从一开始就进展得十分不顺利。1590年8

月 16 日清晨，2 艘船的船员在海中分别放置了 1 艘小船。搜寻队分成两组，开始驾船驶向罗诺克岛。他们驶向一个小海湾，这个海湾分隔了两座狭长的堰洲岛。罗诺克岛位于该海湾的另一侧，坐落于两座堰洲岛与大陆间的那片海域。不久，怀特和其他人发现，在其中一个堰洲岛上（很可能在如今的纳格斯海德附近）一座高大的沙丘顶部起了烟。他们觉得这是殖民者在发送信号，于是迅速调转方向，朝烟雾驶去。下午，他们登上了堰洲岛。怀特和其中一名水手长途跋涉，翻越陡峭多沙的山丘。但是他们并没发现人类活动的迹象。当他们结束远行，回到船上时，夜幕开始降临。搜寻队划着船，回到了 2 艘停泊的轮船那里。这一整天完全是浪费时间，浪费精力。

第二天，搜寻队再次驾船驶向罗诺克岛，恶劣的天气不期而至。巨浪掀翻了小船，船里灌满了水。第一艘船由“希望号”船长亚伯拉罕·库克掌舵，成功抵达北部堰洲岛的沙滩。然而，巨浪又掀翻了另 1 艘船。包括“月光号”船长爱德华·斯派瑟在内的一些人拼命地抓住船体，另外一些人努力游到安全地带。浅海域的海浪和洋流十分强大，正如怀特在日记中所写道：“他们既不能站着，也不能游泳。”库克和他的船员们从那艘侧翻的船中成功救出了 4 个人。其他 7 个人，包括斯派瑟，都消失在巨浪中。在接下来的几个世纪里，这片被称为“外班克斯岛”的危险海域成为众多水手和轮船游客的最终安息之地，这片海域也被称为“大西洋的坟墓”。

尽管遇到这些灾难，但怀特仍力劝幸存者们继续努力穿越海峡，抵达罗诺克岛。水手们想回到他们的船上，但怀特和库克成功说服他们继续航行。他们重新找到那艘被巨浪卷上岸的船。正当 2 艘船的船员们划着船穿越海峡时，夜色降临。库克决定，在漆黑的夜色中，让船只登陆小岛太冒险了，因此船员们将船停靠在了近岸的地方。他们准备在船里过夜。怀特在日记中写道：“在小岛的北部尽头，他们能看见树林里火焰的光亮。”为让殖民者意识到他们的存在，他们吹响号角，唱起他们熟悉的英文歌。

8 月 18 日清晨，这 2 艘船在罗诺克岛最北端登陆。怀特和搜寻队朝着有烟的方向前进，却只发现了残余的火苗。那里并没有人类活动的迹象，似乎是闪电燃起了大火。当他们走近当初怀特离开殖民地的地方时，搜寻队发现了赤脚的印第安人在沙子中留下的印迹。这是个重大发现，怀特在日记中这样描述他们的发现：

> 当我们踏上沙质的河岸，一棵古树上清晰地刻着罗马字母 CRO，这十分令人好奇：上次我离开那些殖民者时，我们共同商定了一个秘密的记号，根据这个记号，现在我们知道这些字母指的是我能找到他们的地方。

怀特确信刻在树上的字母 CRO 是殖民者留下的信息。动身离开前，怀特吩咐他的手下，若殖民者要转移殖民地，就把目的地刻在树干上。如果他们身处险境，就在他们所处位置的上面刻一个十字。但在刻有 CRO 的树上面并没刻有十字。

搜寻队很快发现了殖民者建立的设防的殖民地。殖民者在那儿又留下了另一个记号。正如怀特记录的："入口处右侧，一棵大树的树皮已脱落，距地面 5 英尺的树干上刻着大写的 CROATOAN 字母，上面没有十字标记，也没有灾难的痕迹。"怀特得出结论，这两个信息意味着殖民者已离开这座岛屿，搬去了向南 50 英里（80 千米）在如今哈特勒斯角附近的克柔投安岛。来到这片土地的早期英国探险者和游客，包括怀特，与当地的印第安人（即克柔投安人）建立了良好的关系。

殖民地内，所有房屋都被拆毁了。院内杂草丛生，这表明殖民者数月前就已离开。他们没有发现殖民地的船只和大炮。怀特发现了他当时为安全起见埋到地下的树干。有人，很可能是印第安人，将它们挖了出来。树干是空心的，他的财物被洗劫一空。雨水毁坏了怀特的地图、绘画和书籍。他的盔甲也锈迹斑斑。

搜寻队找到了有关殖民地的线索，回到了"希望号"和"月光号"船上。怀特和库克计划第二天去克柔投安。怀特在日记中写道："看到我的东西损坏，虽然很难过，但另一方面我却非常高兴，因为我已经找到某个记

约翰·怀特回到罗诺克，发现这片殖民地被完全废弃了。怀特留下的关于殖民者们发生了什么的故事是美国历史上最大的谜团之一。

号，这能证明他们安然无恙地生活在克柔投安。”

恶劣的天气

不久，怀特的情绪从积极乐观跌入了绝望的低谷。一夜之间，猛烈的暴风雨席卷了整个外班克斯岛。强劲的风吹打着“希望号”，导致两个船锚深深地沉入砂质洋底。强风中保持船体稳定的压强巨大，使得锚链被紧紧拉住，进而造成锚链断裂。唯一剩下的锚链使得“希望号”没被冲上岸。船长斯派瑟和 6 个水手的死讯以及天气恶劣、船锚损坏的现状令“希望号”和“月光号”全体船员惶恐不安。他们恳求库克放弃寻找殖民地，这样在冬天来临之前，这两艘船就能回到英国。怀特和库克建议各让一步，航行至加勒比海。他们可以在那修复船只，补充食物和水，春天时再返回克柔投安。“月光号”上的船员和代理船长告诉库克，他们对这个计划不感兴趣。很快，他们就返航回家了。

库克绘制了向南到达特立尼达拉岛的路线图。天气持续恶劣，“希望号”偏离航线，驶入了汪洋大海中。食物和水短缺，库克不得不改变计划。他调转方向，向西航行，航程约 2000 英里（3200 千米），计划到达亚速尔群岛。这是位于距葡萄牙西部 900 英里（1500 千米）的一群小岛。“希望号”成功横跨大洋，于 1590 年 9 月 17 日抵达亚速尔群岛。船员们在那说服了库克返回英国。怀特很失望，但他理解库克的决定。他觉得他的家人和其他殖民者与友善的克柔投安人一起生活应该很安全。

消失的殖民地

约翰・怀特从此再未回到过罗诺克岛。沃尔特・雷利爵士将注意力转向他在爱尔兰拥有的土地和他关注的其他事情。到 1592 年，雷利遇到了法律和财政方面的困难，这使他多年无法凑够资金远行去往罗诺克。直到 1602 年，他成功远行抵达克柔投安。然而，恶劣的天气妨碍了他寻找殖民者。从此，雷利再没试图寻找殖民地。

最终，英国在北美建立了永久性殖民地。在如今弗吉尼亚州的詹姆斯敦，由约翰・史密斯带领的 104 个殖民者于 1607 年建立了殖民地。詹姆斯敦坐落于詹姆士河沿岸，距切萨皮克湾向内陆延伸约 60 英里（96 千米）。殖民者为纪念英国国王詹姆士一世，以他的名义命名了这条河和殖民地。1603 年，伊丽莎白一世去世后，詹姆士一世登上王位。

詹姆斯敦殖民者知道关于消失的罗诺克殖民地的事。他们从遇到的印第安人那里打听关于殖民者的消息。殖民者们听到了各种各样有关住在詹姆斯敦南部的欧洲人的叙述、故事和传说。他们无法确认这些消息的真实性，罗诺克殖民者再没出现过。他们的殖民地被称为“消失的殖民地”。

第二章　开拓北美殖民地

1492 年，西班牙君主费迪南德和伊莎贝拉雇佣意大利航海家克里斯托弗·哥伦布横渡大西洋。哥伦布希望发现到达亚洲的新路线，希望去往亚洲的西部航运路线能替代欧洲东部贸易路线。当时，中东和印度洋沿线的商人在亚欧香料贸易中赚取了大笔收益。西部航海路线将绕过这些商人，这对西班牙来说香料和其他亚洲商品的价格将有所降低。1492 年 10 月，哥伦布的三只船队抵达加勒比海。在他们探索这片地区时，哥伦布和他的手下见到了如今的古巴岛和伊斯帕尼奥拉岛等大型岛屿及众多小型岛屿。尽管这些岛已有人居住，但哥伦布却称其归西班牙所有。哥伦布分别于 1493 年、1498 年及 1502 年再次来到该地区。在第四次旅途中，哥伦布沿着如今的洪都拉斯、尼加拉瓜、哥斯达黎加及巴拿马的东部海岸线航行，发现了美洲大陆。

哥伦布的探索激励了西班牙人在美洲建立殖民地。西班牙探险者穿越加勒比岛，向北美洲、南美洲和中美洲三个方向分散，调查研究这片新奇的土地。探险者们（也叫征服者）向西航行，希望找到金银和其他财宝，传说这些财宝可以在他们称为新世界的地方找到。

为抵御其他欧洲国家入侵刚刚被西班牙占有的土地，同时也为了保护自身免受土著人袭击，西班牙人在整个新世界范围内建立了堡垒和殖民地。荷南·科尔蒂斯、弗朗西斯科·皮萨罗和其他征服者向大陆内部进军。1510—1571 年间，征服者的军队战胜了阿兹特克帝国、印加帝国和许多其他强大的中美洲、南美洲帝国。他们从这些民族身上掠夺金银，将这些财宝带回自己的家乡。到16世纪中期，西班牙成为欧洲最强大的国家。1581年，西班牙征服邻国葡萄牙。西班牙国王菲利普二世夺取了葡萄牙王位，将葡萄牙及其在非洲、亚洲和南美洲的殖民地纳入自己不断强大的帝国。

眼看着西班牙变得富裕，其他欧洲国家也想在美洲为自己划分领土。1524年，法国开始派遣船队去美洲探索，试图在今天的巴西（1555年）和佛罗里达（1562年）建立殖民地。但是直到17世纪早期，法国在今天的加拿大开展殖民活动，才在美洲成功建立殖民地。16世纪90年代，荷兰也开始探索新世界。17世纪早期，荷兰人开始在加勒比地区、南美洲和亚洲建立贸易网。1614年，他们在北美洲建立了殖民地，从特拉华州一直到马萨诸塞州，并称这片殖民地为“新荷兰”。

英国和“新世界”

当西班牙从海外殖民地获利颇丰，法国和荷兰开始对美洲和其他大陆进行早期殖民统治时，英国并没尝试在新世界建立殖民地。当时，英国还是个相对弱小贫穷的国家。国王亨利八世在1547年去世后，英国遭受了几十年的政治经济动荡及新教徒和天主教徒间的宗教冲突。1558年，伊丽莎白一世女王继位，年仅25岁。多年来，她十分依赖威廉·塞西尔和其他议臣们。

约翰·霍金斯是英国第一个航行至美洲的船长。从1562年起，他三次去往“新世界”，向西班牙殖民者贩卖非洲奴隶。为卖掉这些值钱的“货物”，霍金斯冒着被西班牙政府逮捕的风险。西班牙禁止在殖民地内使用非洲奴隶。但是，这些殖民者愿意忽视法律，高价购买奴隶，因为他们需要奴隶在他们的种植园和矿里做工。在第三次走私途中，霍金斯在如今墨西哥的维拉克鲁斯附近遇到了西班牙战舰。在接下来的战役中，他损失了4艘船，勉强乘着他的旗舰逃走了。

在新世界，西班牙、法国与荷兰之间竞争激烈。这三个国家都雇佣独立的船长和船员掠夺敌船。以海盗著名的私掠船袭击大西洋和墨西哥湾的货船，还入侵掠夺著名的港口城市。西班牙开始防御私掠船袭击他们的船只，这些船只都装有黄金和其他从殖民地准备带回西班牙的珠宝。他们用

全副武装的战舰为运输贵重物品的货船横跨大西洋保驾护航。

到16世纪70年代，英国的政客和商人开始抱怨国家经济落后于欧洲的竞争对手。他们也担心西班牙不断膨胀的经济实力及其在欧洲日益扩张的军事活动威胁英国国家安全。伊丽莎白的议臣开始建议英国需要在美洲建立自己的殖民地。

尽管伊丽莎白不愿在美洲建立殖民地，但她还是同意为私掠船提供资金，让其袭击大西洋和墨西哥湾的船只，掠夺贵重的货物。1572年，10年前曾是霍金斯船员的弗朗西斯·德瑞克开始袭击美洲的西班牙港口。8年后，他成为英国首个环航世界的船长，伊丽莎白于第二年授予他爵位。

1577年，汉弗里·吉尔伯特爵士请求伊丽莎白准许在如今的加拿大纽芬兰附近海域掠夺西班牙船只。这片海域鳕鱼和其他珍贵鱼类丰富，欧洲船只常在此捕鱼。汉弗里将他的提议命名为“尊贵的女王陛下如何惹怒西班牙国王”。女王对他的提议的回复令他大吃一惊。

吉尔伯特提出这个想法时，伦敦的政治气候发生了翻天覆地的变化。皇家议臣说服伊丽莎白，英国需要立即在新世界建立殖民地，阻止菲利普二世的帝国扩张计划。这个天主教派君主已经俘获部分荷兰人的人心，支持荷兰天主教徒对抗新教徒。菲利普称他的使命就是在整个欧洲传播天主教。

西班牙士兵横跨英吉利海峡，出现在荷兰，这着实对新教派的英国构成了威胁。伊丽莎白的议臣们使她确信英国在北美洲的殖民地能遏制西班牙帝国扩张。这些殖民地将为私掠船袭击载有珠宝的西班牙船队提供基地。没有了财宝，菲利普就没有那么多资金组建军队，威胁英国。

伊丽莎白又有了对抗西班牙的新战略，因此她拒绝了吉尔伯特袭击加拿大沿海地区外国渔船的计划。相反，她给予吉尔伯特更有价值的东西。她授予吉尔伯特独有的特权，在北美建立殖民地。这种授权（又叫特权）表明英国准备在美洲建立帝国。

海上遭遇不幸

1578年11月，汉弗里·吉尔伯特从英国的普利茅斯启程。他带领10

1584 年 3 月，伊丽莎白女王授权沃尔特·雷利在北美建立殖民地。他的侦察兵告诉他，罗诺克岛一定能建成殖民地。沃尔特·雷利开始建立即将成为英国在新世界的首个殖民地。

艘船、约 500 名船员，驶向北美洲。这次远行计划探索北美洲海岸线，为吉尔伯特的殖民地寻找可行的地点。然而，这支令人瞩目的船队不久就七零八散了。其中 4 艘船的船长脱离船队，当起了海盗。其他几艘船在食物和其他供给短缺时调头返回了。猛烈的暴风雨袭击了剩下的船只，迫使他

们返回英国。只有其中1艘船仍继续航行，这就是“猎鹰号”，“猎鹰号”船长沃尔特·雷利24岁，是吉尔伯特同父异母的兄弟。他向南航行远至距非洲西海岸300英里（450千米）的佛得角群岛。在那遇到一组西班牙船队，该船队人数众多，远超过雷利的船队，雷利被迫撤退。1579年5月，“猎鹰号”回到英国。

第二年，雷利来到爱尔兰，参加镇压爱尔兰反抗英格兰统治的军事战役。在那，雷利成为杰出的步兵队长。1581年，他回到英格兰，在接下来的几年里，他成了伊丽莎白女王的亲密好友。雷利英俊潇洒，衣着时尚，聪明睿智，在伊丽莎白的宫中名声大噪。

到1583年，吉尔伯特决定再次碰碰运气，去往北美建立殖民地。他的特权按规定马上就到期了。因此他需要采取行动。当吉尔伯特开始准备船只，招募船员去北美洲探索时，雷利说自己对这个项目很感兴趣。

然而，伊丽莎白禁止雷利参与此次远行。1583年6月，吉尔伯特的船队离开普利茅斯。船队共5艘船，其中“松鼠号”由吉尔伯特统领，向西北方朝着纽芬兰前进。途中1艘船返回了英国，其他4艘船成功抵达纽芬兰附近海域。

1583年9月初，吉尔伯特的船队在纽芬兰的圣约翰斯入港。多年来，在捕鱼季节时，几个欧洲国家的渔船都把这个小渔村当做捕鱼基地。按惯例，每年驾船第一个到达圣约翰斯的船长就成为这个地方的管理者。他将解决出现在小渔村的所有纠纷。没有任何一个船长曾说过这片地方是自己国家的殖民地。然而，吉尔伯特立即宣称圣约翰斯和整个纽芬兰现在是属于英国女王的领土。船长们对吉尔伯特的说法不屑一顾，他们认为一旦吉尔伯特离开，一切就会恢复成原来的样子。

吉尔伯特的船队继续朝着北美大陆方向向南前进，这时他们遇到了困难。在如今的新斯科舍岛沿岸，其中1艘船在大雾中搁浅了。80多名水手溺水，吉尔伯特的地图和有关纽芬兰的记录也丢了。天气恶劣，食物和供给不断减少，吉尔伯特被迫返航回家。在回英国的路上，吉尔伯特的船队遇到了猛烈的暴风雨。“松鼠号”消失在汪洋大海中，再没出现过。英国第一次在北美建立殖民地的尝试以失败告终。

雷利的特权

吉尔伯特死后，在伊丽莎白女王的皇宫里，沃尔特·雷利十分受欢迎。雷利生来相貌堂堂，聪明机智，魅力四射，他的诗歌以及他对国事和政事明智的建议深深打动了女王。宫廷里一些人猜测雷利将和女王结婚。伊丽莎白批准雷利可以向商人征税，作为对他的奖励。这个职位迅速让他变成了有钱人。然而，雷利不再满足于个人财富，他雄心勃勃，渴望冒险，获得名望。1584 年 3 月，伊丽莎白将吉尔伯特在北美建立殖民地的特权转让给雷利，机会来了。

雷利开始准备派 2 艘船去北美洲。船员们将探索这个大陆，寻找适合建立殖民地的地方。1584 年 4 月 27 日，船队离开普利茅斯。菲利普·阿玛达斯率领 1 艘船，亚瑟·巴洛尔率领另 1 艘。船队航行了 69 天，船员们才看到北美洲海岸线。6 月初，英国人登陆了位于今天北卡罗来纳州外班克斯岛的一个堰洲岛。历史学家推测他们可能是在纳格斯海德附近的保得岛上岸的。这片土地自然物产丰富，使英国人感到十分震惊。巴洛尔在日记中写道：岛上树木繁茂、森林众多，野生葡萄和其他植被生长茂盛，大量鹿、兔子和其他小型兽类栖息在此，这些动物数量繁多，令人难以置信。

在抵达岛上的第三天，英国人发现一个本土人正向他们走来。他们欢迎这个本土人上他们的船，并向他展示轮船，赠给了他一件衬衫、一顶帽子，还给他提供了一顿饭。这个人下了船，走向自己的小船，开始在附近的海域捕鱼。捕了一船的鱼后，这个人上岸了。他将鱼分成两堆。他说，英国人应该拿一堆鱼，很明显是为了交换英国人给他的礼物。

英国人开始和本土印第安人进行贸易。这个民族属于阿尔昆冈语族，被称为罗诺克。欧洲人用镀锡盘子、铜水壶和其他物件与当地人交换动物皮毛、皮革和其他东西。印第安人对英国人的金属剑很感兴趣，用许多物品来交易那种剑。虽然印第安人很可能是想把那些剑用在与本土敌对群族的战争中，但英国人担心这些武器可能会用来对付他们自己。本土人十分

热情好客，为这些旅行者提供了鱼肉、鹿肉、水果和蔬菜。

英国人用手语与本土人交流，他们从中得知罗诺克人的首领叫维吉纳，阿尔昆冈语意为“自负的人”。大部分罗诺克人住在名叫德斯蒙克派克大陆的一个村庄里。维吉纳不能去这个村庄，因为他在与本土敌对族群的战役中受伤了，他正在一个偏远的村庄恢复身体。

巴洛尔带领一个侦察队探索这个地区。在如今罗诺克岛的北部尽头，他们遇到了一个本土聚居地。这座岛宽约 3 英里（4.8 千米），长 12 英里（19.3 千米），约有 45 个罗诺克人在此生活。村庄有长方形状的木屋，房屋周围是由又高又锋利的木棍制成的栅栏，意在击退袭击者。该村庄的首领叫格朗阿尼米欧，是维吉纳的兄弟。巴洛尔一群人来的时候，格朗阿尼米欧不在。他的妻子接待了这些英国人，并邀请他们去自己家。巴洛尔记录道：“她脱下我们的衣服，将衣服洗净又烘干。”其他女人给这些人洗脚，还给他们东西吃。巴洛尔也遇到了生活在罗诺克岛南部海岸线的克柔投安印第安人。

在探索该地区并和当地人交流了 5 周后，阿玛达斯和巴洛尔准备启程返回英国。他们说服了 2 个克柔投安人，曼蒂奥和旺奇斯，加入他们的长途旅行。阿玛达斯和巴洛尔打算教这 2 个人英语。以后，他们俩就能在未来由雷利资助的旅行中充当翻译了。

在返航回家途中，巴洛尔给雷利写了一个此次远行的发现报告。他在报告里说，罗诺克岛将是殖民地的理想地点。该岛周围岛屿众多，还与大陆相连，岛上鱼类、鹿和其他野味足以供养殖民地，土壤适于耕作。巴洛尔说，罗诺克岛还能为新殖民地提供一个安全的位置。堰洲岛遮住了这个小岛，过往的船只无法看到。他还指出，这个地区与在如今佛罗里达的西班牙殖民地还有一段安全的距离。正如巴洛尔在报告中写道：“更重要的是，当地人温柔、友爱，值得信任。”

第一个殖民地

9 月中旬，那 2 艘船回到了英国。阿玛达斯和巴洛尔向雷利递交了此次远行的报告。新世界和罗诺克岛听起来像地球上的天堂。报告里赞美道：“这片土地物产丰富，应有尽有，就像第一个创世纪一样，无需耕耘劳作。这里的土壤是世界上最富饶肥沃的。”后来证明现实与此大相径庭，海岸线的沙质土壤不合适农作。在猛烈的热带风暴和飓风面前，这个地势较低的小岛不堪一击。这个地区还缺少天然良港，沿海的水域对于大船来说实在是太浅了。

但是，这份流光溢彩的报告让雷利确信罗诺克岛将是理想的殖民地。他计划在那里建立英国在新世界的首个殖民地。1585 年 4 月，雷利开始为建立新殖民地做准备。他以伊丽莎白女王的名义，将那片从纽芬兰一直延伸到佛罗里达州的领土命名为弗吉尼亚。

雷利开始聚集物资，配备轮船，招募人马，准备带着他的殖民地居民去往新世界。由于探索得更早，西班牙把雷利声称的领土当成自己帝国的一部分。雷利知道西班牙船队最终会发现殖民地，所以他专心致志于招募士兵。他选了自己的堂兄理查德 · 格伦威尔统领舰队，他是一名经验丰富的海军上将。雷利也说服拉尔夫 · 莱恩船长担任殖民地的管理者。莱恩军事经验丰富，他在修建堡垒方面的专业水准是得到公认的。有 100 多个人报名参加这次冒险的旅途，他们大多数是士兵或冒险家。他们希望再现西班牙统治者的成功，在新世界找到黄金或其他财宝。但是很少有人希望永远待在弗吉尼亚。雷利雇了一个自然学家和一个画家来记录这次远行。与大多数殖民活动不同，雷利计划建立的殖民地不包括妇女和儿童，也不包括后来在北美建立殖民地的农民、渔民和手工匠。

1585 年 4 月 19 日，雷利的船队起航驶向弗吉尼亚。航行途中，格伦威尔决定当海盗，袭击西班牙船只。暴风雨导致船队分散。6 月，船队的前 2 艘船到达了外班克斯岛沿岸，余下的船于下个月抵达。一场突然袭来的暴风雨将远行的几艘货船掀翻，损失了许多必要的物资。

船员们在海面上下放了 4 艘小船，一些船员探索了位于罗诺克岛南部，现在叫做帕姆利科湾的水域。他们拜访了 4 个印第安人的村庄，与他们进行交易。在一个村庄，有个人从英国人那偷了银杯子，当英国人意识到杯

子丢了时，他们返回村庄，要求归还杯子。印第安人未曾料到英国人会突然回来，逃离了村庄，也许他们觉得英国人要攻击他们。为了报复这种偷

沃尔特·雷利爵士

1552年，沃尔特·雷利出生在一个英国西南部的小村庄东伯利。在牛津大学读书一年后，雷利于1569年参军。他来到法国，参加新教胡格诺派教徒与天主教徒间为争夺国家统治权的战斗。回到家后，雷利在伦敦学习法律，但他似乎学得并不好。他将大部分时间都用来写诗和去酒馆闲逛。1580年，雷利又回到了军队。他跟随军队来到爱尔兰，帮助镇压爱尔兰反抗英格兰统治。

从爱尔兰回来后，雷利马上就成了伊丽莎白女王宫里十分受欢迎的人物之一。伊丽莎白授予雷利独有的垄断权，这使他变得很富有。汉弗里·吉尔伯特死后，伊丽莎白将他在北美洲建立殖民地的特权转给了雷利。雷利不断努力在北美洲建立殖民地，但都以失败告终。

伊丽莎白死后，詹姆士一世登上王位，雷利的境遇改变了。詹姆士撤销了雷利的垄断权。更严重的是，雷利的政治观点与新国王冲突。他支持与西班牙继续保持敌对，但詹姆士却寻求与这个国家长久的敌人和平相处。1603年，雷利被控参与合谋反抗国王，被关进了监狱。尽管缺乏有力的证据，但陪审团仍判定雷利有罪，最终雷利被判死刑。但詹姆士命令不许执行死刑。

雷利一直在监狱里待到1616年，他使詹姆士相信，放了他之后，他就能实施一项宏伟的计划——在南美洲找到黄金。由于国王资金短缺，所以同意了这项计划，但他让雷利承诺不侵犯西班牙在南美洲的殖民地。然而，雷利此次远行却与南美洲的西班牙统治者发生了冲突。在西班牙官员的坚持下，雷利在返回英国时被捕。詹姆士恢复了雷利的死刑，1618年10月29日，雷利被斩首。

盗行为，英国人烧掉了村庄和周围的庄稼。英国人对小小的偷盗行为反应如此猛烈，使印第安人十分震惊。但罗诺克人却很高兴英国人袭击了他们的敌人。

到9月末，雷利的殖民者们已经在罗诺克岛建立了聚居地，聚居地由莱恩设计的堡垒及其周围的一群英国式小村舍构成。由于在暴风雨中物资都损失了，这个聚居地远比雷利想要的小得多。由于殖民者们不善于农耕和捕鱼，所以不得不依赖罗诺克人获得食物。这种依赖性造成了后来这两个族群间的紧张关系。

随着罗诺克聚居地开始逐步成型，莱恩认为这个地方不是建立殖民地的最佳地点。附近海域较浅，土壤也不肥沃，与巴洛尔的报告完全相反。莱恩派了一组船员探索外班克斯岛的北部地区。他们冒险来到了如今的切萨皮克湾，拜访了几个当地印第安人的村子。整个冬季他们都和切萨皮克印第安人待在一起，春天时才回到了罗诺克岛。那片地域宽广辽阔，港口水位深，给他们留下了深刻的印象，于是他们建议莱恩尽快将殖民地搬到

英国殖民者于1585年到达罗诺克岛。他们建立完殖民地后，才觉得这不是个理想的地方。

切萨皮克湾。

1586年春天，罗诺克岛形势变得紧张。士兵们不知道、也不努力学习怎样农耕和捕鱼，他们继续靠交易获取食物。既要为自己又要为英国人生产食物，给罗诺克人带来了不小的压力。殖民者们希望有一艘从英国来的实物供给船，但是这艘船并没到来。直到初春，食物的情况变得很严峻，因为罗诺克人为自己储存的预备过冬和初春的食物开始逐渐减少。

此外，莱恩的确不适合做殖民地的管理者。作为一名士兵，他习惯了用武力，而不是外交手段解决纠纷。他在处理与罗诺克人的关系时咄咄逼人，一点没有当年阿玛达斯和巴洛尔远行时的那种友好。直到4月，双方关系已经紧张到了极限。殖民地的好朋友格朗阿尼米欧死了，甚至旺奇斯也公然与英国人敌对。莱恩确信维吉纳让其他部落反抗他，当他听说维吉纳正在招募武士，可能要攻打英国人时，他采取行动。莱恩带领27名士兵来到德斯蒙克派克大陆。他要求与维吉纳见面。当维吉纳出现时，英国人迅速攻打，在短暂的冲突中杀死了维吉纳。

6月11日，由弗朗西斯·德瑞克带领的船队到达了外班克斯岛沿岸。莱恩划船外出与德瑞克交谈，德瑞克给他两个选择。一个是德瑞克可以为莱恩的殖民地提供足够的食物和供给，保证殖民地正常运转，他还提供一些手工匠、奴隶和小船。另一个选择是德瑞克将所有殖民者带回英国。莱恩选择了第一个。但一场猛烈的暴风雨迫使计划改变。3天来，雨水漫过外班克斯岛，德瑞克的一些船被推到了海里，还有几艘小船被掀翻，撞到了岛上。德瑞克在暴风雨中损失了大量物资，这迫使莱恩接受德瑞克的第二个选择。他命令殖民者撤离。全部殖民者都被转移到了船上，1586年6月18日德瑞克的船队起航返回英国。

留在殖民地

德瑞克的船队离开外班克斯岛几天后，期待已久的供给船抵达了罗诺克岛。船员们寻找殖民地，但却没有找到。他们只好放弃了寻找，回到了英国。

在莱恩不知道的情况下，雷利额外派了几艘供给船。当莱恩废弃殖民地时，他们正在去往罗诺克岛的路上。在格伦威尔的指挥下，8 艘载有约 400 人和殖民地一年食物供给的轮船于 5 月从英国起航。8 月，船队到达弗吉尼亚时，格伦威尔震惊地发现罗诺克殖民地被废弃了。他决定让自己的几个手下再次占领殖民地，他自己返回英国向雷利报告殖民地的情况。格伦威尔将 15 个人留在殖民地，还留下了足够他们维持两年的食物。格伦威尔不了解莱恩的殖民地和当地土著族群间的冲突，他也不知道那 15 个人将面临着危险。

第三章　罗诺克殖民者的到来

莱恩回到英国时，与雷利见面探讨他和殖民者们为什么回到英国。他解释说，他们与印第安人关系紧张，食物供给不断减少，德瑞克的船沉入海底时大量供给也损失了，这些迫使他废弃殖民地。莱恩告诉雷利，以下的几个原因证明罗诺克岛不是殖民地的理想地点。那里土壤贫瘠，种庄稼毫无用处；周围海域水位较浅，港口狭小，不适合大型货船卸载货物，也不能用作掠夺西班牙船只的基地。维吉纳被杀、印第安人遭受袭击也使得当地本土族群不可能与罗诺克岛的另一块殖民地和平共存。殖民地被废弃，雷利十分失望，但当莱恩开始描述切萨皮克湾拥有天然良港，水位较深时，雷利又燃起了热情。

雷利分析了第一次殖民尝试失败的原因，决定再试一次。他担心，如果另一群殖民者在罗诺克岛安定下来，罗诺克人和其他族群会做出何种反应，因此决定彻底放弃那块殖民地。莱恩对切萨皮克湾充满赞美之词，因此雷利将切萨皮克湾选作弗吉尼亚殖民地的新地点。雷利开始准备新的殖民计划。

第二次殖民活动

第二次尝试在弗吉尼亚建立殖民地，雷利决定努力吸引一批不一样的殖民者。他的新方案计划让投资者从自己这里购买股份，参与殖民地统治。作为回馈，每个股份持有者将获得 500 英亩的土地（202 公顷）和殖民地赚取的利润的一部分。与那些建立罗诺克殖民地的士兵不同，这批殖民者的个人利益与殖民地的成败息息相关。他们将靠农耕、捕鱼、狩猎来养活自己。雷利的目标是将殖民者们种的食物和原材料运回英国。最终，他们就能制造生产可销往英国和其他欧洲国家的产品。

1587 年 1 月 7 日，雷利起草了一份文件，创立了殖民地政府，称之为“弗吉尼亚的雷利城”。雷利任命约翰·怀特为殖民地管理者，他曾是 1585 年格伦威尔远行中的队员。1577 年，作为马丁·弗罗比舍前往格陵兰岛和巴芬岛（位于格陵兰岛西部、加拿大哈德逊湾北部的大型岛屿）远行途中的一员，怀特第一次游历新世界。历史学家对怀特的早期生活了解甚少，除了知道他曾是一名勘测员。雷利还派了 12 个人协助怀特。其中一个叫亚拿尼亚·戴尔的助手娶了怀特的女儿艾莉诺。

虽然雷利承诺股东分配自由土地，但怀特发现，要劝说人们对雷利城投资十分困难。在新世界开始新的生活需要牺牲很多。要成为殖民者，就不得不卖掉他们的大部分财物，这样才能支付起加入殖民地那笔很大的费用，或者是因为他们带不走那么多东西。他们也将不得不离开家人和朋友，横跨大西洋，远行 3000 英里（4800 千米）并在危险的旅途中存活下来。在剩下的日子里，他们很可能与他们认为的一群野蛮人生活在一起。

最终，怀特说服了足够多的人加入雷利的殖民地计划。他们从怀特和其他人那里听到了许多关于北美洲的故事。那里不拥挤，气候更好，也更容易农耕。大多数投资雷利计划的殖民者都住在伦敦。那时伦敦人口激增，许多人的工作收入低，或根本没有工作。怀特称这些殖民者为“种植者”，这意味着他们将在弗吉尼亚当农民。

远航至弗吉尼亚

1587 年 5 月 8 日，殖民者们从英国的普利茅斯港启程，前往雷利城。他们登上了雷利为远航准备的 3 艘轮船。在当时，5 月初启程横跨大西洋已经相当晚了。但雷利却很乐观，他相信船队有充足的时间到达新世界。雷利给各船的船长下达了严格的命令，禁止他们做海盗，直到切萨皮克湾已建立殖民地。因为对船长和船员们来说，当海盗能获得很大利润，这曾动

摇了许多早期准备航行至新世界的人。

3艘船上共约有118名殖民者。除了许多仍单身的人以外，这组人中还有14对已婚夫妇。船上共有17名妇女，其中2名怀孕，包括怀特的女儿。记载显示当时船上有9名儿童。曼蒂奥还参与了返回自己家乡的旅程，这位克柔投安翻译两次来到英国学习英语和英国文化。船队航行的目的地是如今位于弗吉尼亚州的切萨皮克湾。这次横跨大西洋的旅途约需要8周时间。

当时大西洋并没被完全探索，地图上也只画了一部分，所以船队沿着间接的路线前往北美洲。他们从普利茅斯向南航行至葡萄牙。航行1周后，小平底船开始落后于2艘大船，之后迅速从视线中消失。怀特对船队的指挥官西蒙·费尔南德斯十分恼怒。他在日记中记述了这件事："西蒙·费尔南德斯……无耻地抛弃了……我们的船只，让它痛苦地留在葡萄牙海湾。"怀特有理由生气。那艘小船的船长爱德华·斯派瑟从未来过新世界。那艘小船及船上的殖民者和供给极有可能永远也不能抵达切萨皮克湾。但雷利却无法索要这些东西，虽然他是殖民地的管理者，但他只负责陆地上的事务，费尔南德斯在海上拥有绝对权威。

那艘小船退出视线后不久，"狮吼号"和另1艘舰载艇调转航向，向西朝着加勒比海前进。他们航行的路线与100多年前哥伦布横跨大西洋的路线相似。殖民者们在船上克服了许多困难。只有长官们才有床，水手和殖民者们将小毯子铺在地上，睡在甲板下。航行几周后，食物和水开始变质。

6月22日，约航行6周后，2艘船抵达了如今位于美国维尔京群岛的圣克罗伊岛。殖民者们上岸搜集食物和水，呼吸新鲜的空气，伸展疲惫的双腿。然而，这里并不是岛屿天堂，他们感到了恐惧。怀特在日记里记述到，一些殖民者吃了一种浆果，导致"他们嘴里突然有种灼烧感，舌头也肿得很大，一些人不能讲话了"。正如怀特记述的，一些人在池塘里洗澡，但第二天早上，"他们的脸部灼痛，肿得很厉害，眼睛睁不开，五六天甚至更久都看不见东西"。这段经历给殖民者的第一个暗示就是他们去的地方不是想象中的天堂。

船队到达加勒比海时，怀特和费尔南德斯冲突不断。船长拒绝像原来

1587 年夏天，第二批英国殖民者到达罗诺克岛。他们刚到，就得知这个地方被当地人袭击了。

计划的那样停靠在小岛，收集食盐，这在当时是很有价值的商品。他还拒绝在波多黎各登陆让殖民者们收集果树，种在他们未来的弗吉尼亚州花园里。随着旅途继续，在怀特看来，费尔南德斯似乎越来越不关心殖民地的民生问题。

“狮吼号”和舰载艇离开加勒比海，沿着北美洲东海岸，向北驶向切萨皮克湾。7 月 11 日，费尔南德斯命令船队在外班克斯岛抛锚。雷利让怀特接回 15 个仍坚守罗诺克岛殖民地的英国人。2 年前，莱恩的殖民者们决定废弃罗诺克岛，回到英国后，理查德 · 格伦威尔爵士将士兵们留在了那里。为保持英国在岛上的势力，格伦威尔命令士兵守护殖民地，直到雷利决定殖民地的命运。

为到达罗诺克岛，怀特和40名殖民者登上了舰载艇。船队正向罗诺克岛前进时，船长爱德华·斯塔福德告诉怀特，费尔南德斯已经命令他将殖民者们留在岛上。他说，费尔南德斯坚持认为，如果船队继续驶向切萨皮克湾，他们就不能在冬天来临前回到英国。怀特在日记中记载道，他怀疑费尔南德斯实际上是想在船队冬天回到英国前，确保有充足的时间从事海盗活动，偷盗加勒比海的西班牙船只。因为费尔南德斯掌控着船队和船员，怀特和殖民者们没有办法，只能接受他那令人无奈的决定。

新家园

殖民者们一上岸就发现了莱恩的殖民者们建的房屋。但那些房子空无一人，支离破碎。殖民者们开始在岛上寻找自己的同胞。怀特在日记中写道："我们没有找到他们，甚至没有任何迹象表明他们曾经在那里生活过。我们只找到了15个人的尸骨，他们很久以前被野蛮人屠杀了。"其他14个人消失了。怀特推测是塞克坦或其他印第安种族屠杀了他们。

7月25日，怀特和殖民者们收到了好消息。虽然船长斯派瑟是首次远航前往弗吉尼亚，但他却成功驾船抵达了外班克斯岛。整个殖民地都庆祝其余的殖民者终于出现了。怀特在日记中写道："小船的到来让大家非常高兴，倍感欣慰。"虽然殖民者们在错误的地点登陆了，但整个殖民团队现在已经安全地抵达了弗吉尼亚。

曼蒂奥遇见了当地的本土族群，向他们询问那15个在罗诺克岛的英国人的情况。克柔投安人告诉他，莱恩烧掉了塞克坦人的村庄，为报复莱恩杀死了维吉纳，塞克坦人伙同罗诺克人袭击了殖民地。当他们掌管殖民地后，印第安人立即杀掉了一名英国人。其他英国人到达了堡垒的安全地带。袭击者纵火烧了堡垒，迫使藏在里面的人逃离。英国人逃到了1艘自己人的船上。他们乘船逃跑了，再没出现过。

听到曼蒂奥讲述殖民地受到袭击，殖民者们惶恐不安。守卫们随时待命，小心留意可能遇到的麻烦。人们外出捕鱼或采集食物时都带着武器。几天过去了，一个罗诺克人或其他印第安人都没出现，紧张的气氛缓和了，殖民者们放松了警戒，开始重建殖民地。但是一个叫乔治·豪的殖民者在下水抓螃蟹时，把衣服和剑留在了沙滩上。突然，一小群印第安人袭击了他，将他杀死。怀特在日记里写道："袭击者向豪射了16支箭，又用他们的木剑戳碎了豪的脑颅。"

这次袭击令整个殖民地十分恐惧，同时也激怒了殖民者。他们认为罗诺克人杀害了豪。由曼蒂奥当随行翻译，怀特和一群殖民者向南冒险前进，与克柔投安人见面。怀特希望能得到他们的帮助，一起对付罗诺克人和塞克坦人。村民们看见英国人来了，纷纷落荒而逃。曼蒂奥向他们大声呼喊，劝他们回来和怀特谈话。怀特向克柔投安首领承诺，殖民者不会抢掠他们的食物，并向他们保证殖民者想与克柔投安人重建友谊。

怀特的保证让克柔投安首领十分高兴。他们邀请英国人回到自己的村庄，并热情款待他们。克柔投安人确信罗诺克人杀害了豪。怀特要求克柔投安人邀请所有当地的本土首领与他会面。他想借这个机会让首领们相信殖民者想与他们和平共处。克柔投安首领同意邀请其他首领与怀特会面。

7天后，怀特等不及了。他不想继续等待，准备策划袭击罗诺克人，报复他们谋杀了豪。北卡罗来纳州历史学家大卫·斯蒂克，在其《罗诺克岛：英殖民下的美洲文明开端》一书中这样评价殖民者的决定："他们似乎刚读完莱恩讲述的他与维吉纳遇到麻烦的故事，就决定采取和士兵日记中记录的同样的措施。"8月9日晚上，船长斯塔福德带领24个人突然袭击德斯蒙克派克大陆的罗诺克村庄。在曼蒂奥的指引下，这群英国人潜入了熟睡的村庄。他们袭击并杀掉了遇到的每一个人。一些村民逃跑了，在附近的树林里避难，躲在高高的芦苇丛中。

当袭击者寻找躲藏的印第安人时，一个人大叫斯塔福德的名字。英国人停住了脚步。他们注意到其中一个印第安人是带着孩子的年轻母亲。他们意识到自己犯了巨大的错误。他们之前杀掉的印第安人不是罗诺克人，而是曼蒂奥的族人，克柔投安人。

罗诺克人预料到豪死后英国人会反击，纷纷逃离村庄。克柔投安人来到北方参加怀特的会议。他们发现罗诺克人抛弃了即将成熟的庄稼，就在村子

印第安人的生活方式

1585 年，在理查德·格伦威尔远航至卡罗来纳州和弗吉尼亚州的途中，怀特画了几幅水彩画，现在已在《新土地弗吉尼亚州的简要翔实报告》一书出版（1588）。在这些令人深刻的绘画中，外班克斯岛的印第安人第一次接触英国人时的生活状况可见一斑。他们的村庄似乎有 200 名居民。房屋是用木棍支撑的，再用由芦苇织成的嵌板和树皮覆盖。屋里没有窗户，但居民们可以卷起芦苇墙使空气流通。冬天时，印第安人在屋内生火取暖。他们在长木凳上睡觉。

怀特的画还展示了当地印第安人如何种植庄稼，采集食物。他们种植玉米、大豆、南瓜、向日葵和烟草。天气晴朗时，他们将玉米和大豆种在一起。大豆的藤蔓长在玉米茎上，这样藤蔓就能获取更多阳光，长出更多大豆。大豆也为玉米提供了必要的营养，让玉米长的更大。妇女、儿童和老人采集各种各样的坚果和水果。男人猎捕鹿、熊和小型动物，包括浣熊、松鼠和兔子。在沿海的村子，男人们还捕获采集贝类生物。

里临时住下来，收割玉米、南瓜和其他蔬菜。曼蒂奥向克柔投安人解释英国人的掠夺行为。他们似乎接受这次屠杀是个错误的说法。然而，这次血腥的袭击使殖民者们再也不可能重获克柔投安人的完全信任和全力配合。

这次袭击也造成了曼蒂奥与克柔投安人间的关系紧张。怀特意识到，克柔投安人遭到惨痛的袭击后，曼蒂奥仍十分忠心，于是任命他为德斯蒙克派克大陆的勋爵，让他掌管曾由维吉纳管理的地区。后来，曼蒂奥受洗礼，成为第一个信仰基督教新教的美洲土著人。

怀特和殖民者们又有了新的选择，他们计划暂时留在罗诺克岛。整个秋季和冬季他们都将待在那里，春天时再动身前往切萨皮克湾。殖民者们立即开始重建岛上的堡垒和废弃的房屋。他们也为家人和孩子修建新的房屋。

与此同时，费尔南德斯命令斯塔福德用舰载艇将“狮吼号”和平底船上的殖民者和供给运到罗诺克岛。不久，殖民者们意识到他们需要更多的供给来过冬。怀特和他的手下一致同意应该有人返回英国，让雷利送来更多供给，可是却没人愿意走这一趟。

手下们努力说服怀特，他才是应该返回英国的那个人。怀特拒绝了，他坚持称，作为管理者，他不能抛弃殖民地。他也担心在搬往切萨皮克湾的途中，他那些珍贵的书籍、地图和其他值钱的东西会损坏。最重要的是，他不想离开家人。他的女儿艾莉诺在8月18日刚生完孩子。他的外孙女弗吉尼亚·戴尔是新世界出生的第一个英国人。怀特的手下们继续称他是唯一一个极具影响力的殖民者，只有他才能够说服雷利送来更多供给。12名手下联名给雷利写了一封信，信中写道，他们投票选举怀特返回英国，而且怀特也没有抛弃殖民地。怀特态度有所缓和，勉强同意回到英国。

8月的最后1周，水手们把所有殖民者和供给一并送到了罗诺克岛。具

约翰·怀特的孙女弗吉尼亚·戴尔是在新世界出生的第一个英国孩子。这幅版画描绘了她正在受基督教洗礼。怀特和殖民地居民已经有了亲属关系，这让他很难抛下这些人，自己离开。

体什么时候将殖民地搬至切萨皮克湾还没决定。手下们告诉怀特，如果他们在怀特回来之前离开罗诺克岛，会给他留个消息。如果他们因为印第安人袭击或其他危险放弃殖民地，会留下十字的标记，以此暗示他们遇到困难。

8 月 27 日，怀特与殖民者们告别。他拒绝乘“狮吼号”与费尔南德斯同行 2 个月，他选择登上了斯派瑟的小平底船。虽然与家人和自己的小外孙女分开让怀特非常伤心，但他仍对殖民地十分乐观。根据他的日记记载，他很自信殖民地能撑过岛上的冬季。他写道，他非常渴望在 1587 年的春天能回到罗诺克岛，也很希望看着殖民地搬至切萨皮克湾。

怀特回到英国

约翰·怀特差点没能活着回到英国。平底船的船员解开船锚，正要离开外班克斯岛时，一根锚链断了，啪的一下抽回了甲板上，15 个船员中 12 个人受伤了。尽管就剩下几个船员，斯派瑟还是与“狮吼号”保持步伐一致。两艘船航行至亚速尔群岛时失散了，那是坐落于大西洋、距葡萄牙海岸 1000 英里（1600 千米）的一群小岛。费尔南德斯向西班牙方向驶去，希望能截到西班牙载有珠宝的货船。而平底船则径直驶向英国。3 周后，船只到达不列颠群岛附近时，一场猛烈的暴风雨将其卷入了大西洋。暴风雨一停，斯派瑟就再次驶向英国。然而这时，旅途耗费的时间远比预期长得多，船上的食物和水不断减少。怀特在日记里写道，他预测“会因饥荒在航行中死去。”

1586 年 10 月 16 日，运气不好的平底船步履蹒跚地抵达了爱尔兰斯梅里克港。因为斯派瑟的船员们无法继续前往英国，怀特登上了 1 艘去往英国南安普敦的船，最终于 11 月 8 日到达了伦敦。两周后，怀特与雷利见面，向他汇报殖民地的情况。他告诉雷利他与费尔南德斯的冲突以及殖民者遇到的各种各样的困难。雷利听到殖民者们已安全到达殖民地时如释重负，虽然他们现在所处的位置不是当初计划的地方。雷利同意给殖民地送去额外的供给。他命令理查德·格伦威尔爵士为这项救济任务准备船队。怀特获得了物资，正计划着航行返回弗吉尼亚，但他可能永远也想象不到未来会遇到的挫折。

第四章　意想不到的延误

当怀特正忙于给弗吉尼亚殖民地筹备物资时，英国与西班牙的战争一触即发。自从1556年菲利普二世继承西班牙王位后——此时他的父亲，查尔斯五世放弃王位——西班牙凭借从殖民地搜刮的巨额财富一跃成为欧洲最强大的国家。除了西班牙及其海外殖民地，菲利普二世还统领葡萄牙及其远在非洲、南美洲和亚洲的殖民地。他还统治欧洲其他地区，包括如今意大利、法国、比利时、卢森堡和荷兰的部分地区。

危险的时代

西班牙除了是英国经济上的竞争对手，还对英国构成了政治、军事和宗教威胁。菲利普二世是虔诚的天主教徒，他深信自己背负着神圣的使命，那就是打败新教，在欧洲建立强大的天主教帝国。16世纪60年代末，他派部队去往荷兰，帮助荷兰天主教徒战胜新教徒，赢得国家统治权。20年后，西班牙士兵仍驻守在荷兰南部地区。他们与新教派英国仅隔着英吉利海峡，这使伊丽莎白女王和议臣们十分担心。

从国内形势来看，英国深陷政治和宗教危机。爱尔兰爆发起义，想要挣脱英国对爱尔兰王国及他们的天主教居民的统治。在附近的苏格兰，年轻的国王詹姆士六世对新教徒的承诺受到质疑。她的母亲，玛丽一世——苏格兰女王——在任期间是坚定的天主教徒。尽管詹姆士宣称是新教徒，但他的宗教信仰却让人担心，因为他是伊丽莎白的堂弟。伊丽莎白在50多岁时仍没有子嗣。詹姆士理所当然要继承王位，成为英国君主。

就西班牙与英国间的关系来说，西班牙人对英国人心存怨恨。英国支持荷兰新教徒对抗天主教徒及在荷兰的西班牙士兵。更重要的是，英国的海盗行为，尤其是弗朗西斯·德瑞克在西印度群岛劫掠成功，对西班牙从美洲殖民地积累财富产生很大影响。为防范英国的劫掠，菲利普派额外的船只护送西班牙的珠宝货船回国。他的策略并不奏效，因为西班牙没有足够的战舰保护所有货船横跨大西洋。一位西班牙官员提出了一个不同的策略，应对英国的劫掠行为。在《帝国：西班牙是怎样成为世界强国的，1492—1763》一书中，亨利·卡门解释了那个官员的建议："光防范还不够，我们需要将战火引到英国。"菲利普也认为对英国采取攻势是行得通的做法。

要想攻打英国，西班牙需要扩大海军规模。为建成将被后人称为"西班牙无敌舰队"的大型海军舰队，西班牙开展了大规模的战舰建设项目。卡门翻译了由菲利普的一名手下写的报告，其中总结了西班牙的目标："这支无敌舰队的目标是保护印度群岛安全，重新征服荷兰。"西班牙泄露了他们准备建设舰队的秘密。英国官员得知了这个项目后，开始为保护自己的国家做准备。1585 年 1 月，德瑞克袭击并劫掠了多米尼加共和国的圣多明哥。那是西班牙在西印度群岛最重要的航运和商业中心。德瑞克还袭击了位于如今哥伦比亚的卡塔赫纳和佛罗里达沿岸的西班牙殖民地。当德瑞克袭击圣多明哥的消息传到了菲利普的耳朵里时，他命令官员们加快做好攻打英国的准备。1587 年 4 月，德瑞克回到欧洲。他对西班牙的关键港口城市加的斯发起突然袭击。他的任务是扰乱西班牙为发动海军攻打英国所做的准备。他毁坏并捕获了 20 多艘西班牙船只，这使西班牙在当年余下的时间里不可能攻打英国。

"勇士号"的航行

1587 年 10 月，就在怀特回到伦敦前，伊丽莎白女王最亲密的议臣委员会枢密院发布命令，未经允许英国船只不能离港。枢密院想船只越多越好，以防西班牙袭击。凭借在政府和伊丽莎白女王宫廷里的人际关系，雷利很自信一定能让供给船只驶向弗吉尼亚。

1588 年 3 月，理查德·格伦威尔爵士告诉雷利，他那包括 5 艘大船和几艘小船的船队可以准备起航了。然而，在船队离开前，枢密院命令格伦威尔带着船队去普利茅斯。在那，格伦威尔将加入弗朗西斯·德瑞克的舰队，保护英国脆弱的南部和东部港口。英国枢密院得到情报，菲利普即将发动他的无敌舰队攻打英国。

虽然因为战事不得不损失格伦威尔的船只，但雷利成功地给怀特派了两艘船。德瑞克并不需要那两艘小船，“勇士号”和“罗伊号”。尽管这些船不能像格伦威尔的船队装载那么多供给，但能给殖民者们带来供给总算让雷利松了口气。

1588 年 4 月 22 日，两艘船离开比迪福德。船上除了载有食物和其他供给，还有 15 名殖民者，包括 7 名妇女，4 名孩子和 4 名男人。在以前的航行中，海盗行为拖延了航程。“勇士号”船长亚瑟·法塞开始袭击掠夺船只。两艘船向南前行时分散了。“罗伊号”在马德拉群岛附近遇到两艘法国海盗船时，法塞企图先行一步逃跑。那些速度更快、装备更精良的船只开始靠近。法塞没有投降，他命令枪手们向法国船只发射大炮。一场激烈的战斗随之而来，当一大群法国水手跳到“勇士号”上逼迫法塞投降时，这场战斗才结束。在这场战斗里，20 多个人丧生或严重受伤。怀特身上多处受伤，子弹擦伤了他的大腿。海盗劫走了“勇士号”船上所有值钱的东西，包括怀特带给殖民地的供给。

由于船员们受伤，跨越大西洋也缺乏足够的供给，法塞于是决定返回比迪福德。5 月 22 日，“勇士号”返回港口。几周后，“罗伊号”也回到了港口。航行失败意味着怀特在夏天结束前无法给殖民者运送供给。因为当时已经是很晚的航海季节了，怀特似乎在年底前不可能再组织供给船队前往罗诺克岛。

“勇士号”步履蹒跚地回到港口的同时，另一艘船抵达了弗吉尼亚海岸。1588 年 5 月 28 日，1 艘西班牙船意外停在了外班克斯岛。在如今佛罗里达的西班牙殖民地管理者派这艘船从圣奥古斯丁起航。西班牙政府听到

当英国得知西班牙准备进攻时，弗朗西斯·德瑞克和查尔斯·霍德华袭击了西班牙港口。他们成功地破坏、捕获了西班牙船只，这样一来，西班牙就不可能按计划进攻英国皇家海军了，但这次海军行动推迟了怀特返回罗诺克的行程。

谣言，英国人已经在大西洋沿岸建立了殖民地。西班牙统治者相信切萨皮克湾最有可能成为殖民地。他命令船长侦查海湾，带回有关英国殖民地的任何消息。

正当西班牙船只航行驶过外班克斯岛时，一场猛烈的暴风雨袭来。强烈的风暴迫使航船驶过一个水湾，隔开了堰洲岛。船只安然渡过了风暴，停在了罗诺克岛附近的安全地带。西班牙人发现一些英国木桶和其他物品在水中漂浮。他们还发现了一个小船坞，但没有人。暴风雨一平息，船只就返回了圣奥古斯丁。船长确定自己已经找到了英国殖民地的位置，向佛罗里达管理者汇报他的发现。但管理者却不能下令攻打殖民地。几乎所有西班牙战舰都在大西洋的另一侧，在那加入无敌舰队。佛罗里达以及西班牙在新世界的其他殖民地几乎没有资源发动任何海军攻击。

英西交战

约4年后，1588年西班牙终于与英国爆发战争。5月30日，强大的无敌舰队从隶属西班牙的港口城市——葡萄牙的里斯本驶出。共有130艘船，19000多人。7月末，无敌舰队抵达了英吉利海峡。西班牙人计划在英国肯特的西北海岸部署一行船只。这些船只将在菲利普的盟友帕尔玛公爵从佛兰德斯航行至肯特东部，登上驳船时保护他们的部队。帕尔玛的部队有27000多人。他们都是经历过荷兰新教徒与天主教徒间战争的老兵，约一周时间，他们就能行进80英里（129千米）到达伦敦。西班牙人猜想，英国军队缺乏经验，大部分都是新兵，无法阻止帕尔玛的部队。占领伦敦，西班牙就能控制英国。

虽然无敌舰队似乎战无不胜，但其也有弱点。舰队前进缓慢，因为速度较快的战舰必须与笨重的货运船同速航行。为筹建无敌舰队，西班牙官员召集了全世界的船只。这支舰队在离港前从未单独作战。就在几个月前，菲利普任命了无敌舰队的总指挥阿朗索·佩雷斯·德·古兹曼。该舰队原指挥是西班牙经验最丰富的海军上将艾尔瓦洛·迪巴赞，但他2月份就已经死了。虽然佩雷斯曾是出色的步兵指挥，但他并没有海军作战背景。西班牙大型重型战舰十分擅长近距离攻打其他船只。但他们并不习惯与装有远程大炮的小型可控船只作战，而英国海军大部分都是这种船只。

英国战争策划者预料，西班牙人企图占领英国南部两个关键港口，朴次茅斯和普利茅斯。西班牙舰队绕过这两个城市，进入狭窄的英吉利海峡时，英国人十分惊讶。无敌舰队的规模让旁观者大吃一惊。船队主体两英里（3.2千米）宽，数英里长。为防止西班牙人登陆英国海岸，英国船只用打了就跑的战术袭击了西班牙舰队。英国海军上将查尔斯·霍德华和弗朗西斯·德瑞克爵士命令船长们不许太靠近火力猛的大型西班牙船只。霍德华和德瑞克几乎不用担心。因为西班牙船长接到严格的命令，禁止攻打任何英国船只，专心完成在帕尔玛部队横跨英吉利海峡时保护部队的任务。

接下来的 1 周，双方海军开始小规模作战，但均未受到较大损失。

8 月 6 日，无敌舰队在法国加来停港靠岸。佩雷斯等待着帕尔玛发布命令，他的部队已准备好跨越海峡。霍德华和德瑞克抓住了这个机会，准

1588 年英国战胜西班牙无敌舰队时，弗朗西斯·德瑞克是副指挥官。他不仅是船长，还是为伊丽莎白女王带来财富的臭名昭著、胆小的海盗。他带领英国首次进行全球航行。

备袭击。8月7日晚上，他们向拥挤的港口派了8艘无人火船。船上装满了炸药，并覆盖松树汁液和其他易燃物质，然后点燃。西班牙船长为避免燃烧的船只使火势蔓延到自己的船上，切断了锚缆，毫无秩序地迅速逃离了港口。

离开了避风港，无敌舰队重组，向北朝着佛兰德斯驶去，保护帕尔玛部队穿越海峡。霍德华和德瑞克的舰队跟着他们。亨利·西摩勋爵的船队共有40艘船，一直保护着肯特的海岸线，也加入了追逐无敌舰队的行列。在法国敦刻尔克附近，整个英国舰队遇到了无敌舰队。英国人用远程大炮攻打无敌舰队。在9小时的激烈战斗中，西班牙船只拼死一战，极力坚守阵地，保证帕尔玛的驳船可以起航。但帕尔玛的军队还没准备好。几艘大型西班牙战舰沉了，一些船长不得不将损坏的船停在如今比利时的海岸。西班牙并没损失很多船只，但许多水手在炮火中丧生或严重受伤。狂风四起，将剩下的西班牙船只吹离英吉利海峡，漂向西北方向。战败的无敌舰队向北航行，穿越北海。无敌舰队路过苏格兰，根据卡门引述的故事记载，那里的渔民看到"像怪兽一样巨大的船只，船上约有100人，顺风向西航行"。佩雷斯命令舰队沿着爱尔兰西海岸，向南朝着西班牙航行。

西班牙无敌舰队返航回国时，许多船只不是在爱尔兰海岸损坏了，就是在暴风雨中消失了。英国海军果断地击败了看起来无法战胜的无敌舰队，这是菲利普与英国战争的高潮部分。西班牙永远不可能从战败中完全恢复。西班牙已经失去了海军的领先优势，国家财富和力量开始逐渐衰退。

"希望号"的航行

无敌舰队战败解除了西班牙入侵的威胁。约翰·怀特开始计划下一次运送供给的旅程。但当他发现很难找到愿意带他去弗吉尼亚的水手时，他变得消沉了。英国官员相信，西班牙舰队战败是进一步削弱菲利普势力的好机会，于是设计了两步战略。西班牙战舰在港口维修时，英国船只将进行袭击。与此同时，英国海盗将占据亚速尔群岛附近的航道，拦截从美洲返回的、载满金子和其他财宝的西班牙货船。船长和船员们将从这项雄伟

的任务中获利丰厚。1589年春天，一支大型舰队驶离普利茅斯，袭击西班牙和载有珠宝的西班牙货船。然而，英国人并没计划好这项任务。西班牙人保卫了他们的港口，击退了英国袭击者，英国船只损失巨大。在大西洋，海盗们运气很差，几乎没见到西班牙货船。这些货船成功地避开了英国船只，英国船只只能苦苦等待。

虽然遇到了这些挫折，但许多英国商人投资海盗项目，希望一夜暴富。1590年，怀特抓住机会，说服去往西印度群岛的海盗船把他带上，将他送到罗诺克岛。该船队共有4艘船。船队指挥官亚伯拉罕·库克掌管船队最大的船——“希望号”。其他3艘船分别是克里斯托弗·纽波特带领的“小约翰号”、威廉·莱恩带领的小平底船和爱德华·斯派瑟带领的“月光号”。

横跨大西洋

对罗诺克岛殖民者和其他北美洲早期英国居民来说，横跨大西洋是十分危险的旅程。16世纪末17世纪初，从英国航行至新世界需要2—3个月，还需依赖风向和天气情况。为避开冬季暴风雨和强风，船只通常在4月初至10月末这段时间往返于欧洲和美洲之间。船长们不得不借助不完整的航海地图和简单的航海工具驾船航行。他们一直面临遭到海盗劫掠、袭击船只的威胁。

在船上，船员们和乘客几乎没有私人空间，都睡在船体主甲板下的地板上。随着航行继续，他们遇到的困难越来越多。许多乘客以前从来没坐过船，波涛汹涌的海面导致很多人晕船。天气无法预知，变幻莫测。食物和水越来越少，而且腐坏。

粪便、尿、呕吐物和腐烂的食物臭气熏天，十分难闻，船上迅速变得很肮脏。一些小病在乘客和船员间迅速传播。很多乘客因患病严重而死去，这些疾病统称为船热病。当时，多半乘客在横跨大西洋的途中，还没到达目的地就死了。

这些船装备精良，船上载有150多人和供给。船上除了有船员，还有一群殖民者，具体人数未知。他们可能是上一年“勇士号”远行失败的那群人，也可能是怀特新招募的投资者。

只有斯派瑟十分了解1586年怀特返航回英国的艰难，除了他，没有任何一个海盗愿意把怀特和殖民者们送到罗诺克岛。但当枢密院又发布命令，禁止船只离港时，他们改变了主意。英国人害怕西班牙人再次袭击。但伊丽莎白女王准许雷利向弗吉尼亚殖民地运送供给，所以海盗们只要把怀特和殖民者们送到罗诺克岛，就可以继续远行了。

虽然雷利和怀特与海盗们已经定好了计划，但当殖民者们要登船时，海盗们却不允许他们上船。海盗们坚持说怀特是唯一他们有义务搭载的乘客。怀特与他们争吵，但不起作用。他想联系雷利，但又担心如果雷利离开船队，船队会私自离港。他别无选择，只得同意不带其他殖民者。他将独自一人回到罗诺克岛。

第五章　怀特返回北美洲

1590年3月20日，约翰·怀特乘着“希望号”，随库克的船队一起从普利茅斯起航。这次横跨大西洋的航行十分顺利。4月末，船队抵达多米尼加加勒比岛。在接下来的两个月里，他们在许多加勒比小岛附近巡视，寻找西班牙船只，准备攻击。英国海盗成功捕获了一艘准备前往欧洲的大型西班牙货船，船上载有兽皮、糖和香料。7月末，船队分成了两组。几艘船，包括“小约翰号”，向东航行。他们带着从西班牙货船劫掠的值钱的东西回到了普利茅斯。“希望号”和“月光号”船朝着弗吉尼亚向北航行。

怀特回到罗诺克

8月1日，“希望号”和“月光号”在佛罗里达沿岸遭遇了飓风。船队平稳度过了风暴，但天气持续恶劣，库克和斯派瑟被迫在近海处抛锚。1周过后，船队才能继续前行。8月中旬，他们抵达外班克斯岛沿岸。船员们看到罗诺克岛方向升起烟雾，这使怀特非常兴奋，他马上就能与家人和殖民者们团聚了。

8月16日，“希望号”的枪手发射3发大炮，提醒殖民者们他们回来了。怀特和船员们登上两艘小船，准备上岸。他们再次看见烟雾升起，这次，烟雾是从其中一个堰洲岛的方向升起的。船员们以为殖民者在给他们发射信号，于是改变航向，朝着烟雾驶去。两艘小船在岛上登陆。怀特和几个船员花了几个小时寻找殖民者，但没发现英国人曾在岛上生活的任何迹象。夜幕降临，库克和斯派瑟决定回到“希望号”和“月光号”上，不

海上劫掠

约翰·怀特在日记中记载了1590年前往弗吉尼亚的旅程。他记述了“希望号”成功地劫掠西班牙船只：

> 我们看到了驶向圣多明各的船队，共14艘船，这正是我们目前追赶的船队。但他们一见到我们就四处逃窜。我们只得分散队伍追赶他们直到夜里12点。最终，船队和“月光号”碰巧相遇，在同一天晚上一同追赶西班牙船队的海军中将。我们与他打斗，将他捕获。我方共有1人死亡，2人受伤，敌方4人被杀，6人受伤。7月3日，我们到处开枪、闲逛、劫掠船只，将战利品带走。

继续前往罗诺克岛了。

第二天，搜寻队再次登上了两艘小船。船就要到达堰洲岛时，猛烈的暴风雨突然袭来。堰洲岛间的小海湾波涛汹涌，水流湍急。虽然船上积了很多水，马上要被淹没了，但船长库克还是将船安全地停在了一个堰洲岛上。但船长斯派瑟就没那么幸运了。一个巨浪打到了船的侧面，掀翻了他的船，斯派瑟和6个船员都溺水身亡了。

怀特和库克说服剩下的船员继续前往罗诺克岛。也许是试着从后面穿过小海湾的想法说服了他们，让他们觉得返回船队更加可怕。水手们找到了那艘侧翻的船，最终两艘船开始航行前往罗诺克岛。船队在日落后抵达罗诺克岛，船员们发现岛上茂盛的树林里火光闪烁。库克命令停靠在小岛附近，他觉得在一片漆黑中停船太过冒险。怀特在日记中写道：“一个船员吹起小号，大家唱着许多耳熟能详的英文歌曲，友好地呼唤他们”。

意想不到的发现

第二天早上，怀特、库克和几个船员上岸寻找殖民者。他们远行来到

前天晚上见到火光的地方，却发现只是几棵树着火了。他们认为，前天晚上是闪电燃起了火，也点燃了他们的希望之火。

怀特带人来到殖民地。他看见殖民地外的一棵树上刻着“CRO”3个字母。在殖民地里，村庄废弃了，有人将房子拆掉了。虽然怀特发现殖民者废弃了殖民地很伤心，但没发现印第安人袭击的痕迹让他松了口气。怀特发现殖民地的一个门柱上刻着“CROATOAN”几个字母，没有十字标记，也没有灾难的迹象。船员们说殖民者的船不见了。所有这些线索都让怀特相信印第安人和西班牙人并没袭击殖民地，而是殖民者们搬离了殖民地。

在殖民地后方，怀特发现了他的树干，有人挖出并凿开了树干。怀特在日记里写道，“水手们的箱子很久以前就被藏起来了，后来又被挖出来打开，箱子里的许多东西都损坏了，扔得满地都是，凡是野蛮人认为有用的东西一件也没留下。”彻底搜寻了罗诺克岛后，搜寻队回到了“希望号”和“月光号”上。那天晚上，怀特在日记里写道：“他很高兴发现有迹象表明殖民者们在克柔投安十分安全，那是曼蒂奥和岛上的土著人，我们的朋友的家乡。”库克同意将怀特带到克柔投安岛，让他和殖民者们团聚。

第二天早上，一场猛烈的暴风雨席卷了外班克斯岛。船员们正努力不让“希望号”撞到堰洲岛时，几根锚链断裂了，船锚坏了。船上缺少食物和淡水，库克别无选择，只得放弃把怀特带到克柔投安的计划。库克和怀特又有了新计划。将“希望号”航行至加勒比地区，船只可以在那里过冬，获得新供给。船员们可以在春天打劫其他船只，然后在初夏航行至克柔投安。库克告诉“月光号”船员这个计划，但是大家一致投票决定返回英国。

“希望号”正朝加勒比海向南航行时，又一场猛烈的风暴袭来，船只偏离航线。库克不得不再次改变计划。他十分理智，决定向东航行至亚速尔群岛。“希望号”在那加入了一只正等着劫掠西班牙财宝船的英国船队。“月光号”也在那，但它甚至没通知“希望号”就远航离开了。“月光号”的新船长和船员们似乎希望库克能让他们重新加入他的船队，回到弗吉尼亚。

“希望号”抵达亚速尔群岛沿岸后不久，库克原船队的“小约翰号”捕获了1艘西班牙船。库克再次改变计划，他告诉怀特，“希望号”将和“小约翰号”一同回到英国，这样他和船员们就能瓜分劫掠来的财宝。毫无疑问，“希望号”返航回英国时，怀特心里情感碰撞激烈。3 年来，他努力与家人和殖民者们团聚，最终却失败了。

无缘弗吉尼亚

1590 年 10 月，约翰・怀特回到英国。历史记载，怀特试着再次组织远行，向弗吉尼亚殖民地运送供给。他可能认为他的家人和其他殖民者和克柔投安人一起生活，或已经搬到了切萨皮克湾或那个地区的其他地方。1593 年，在给理查德・哈克路特的信中，怀特似乎放弃了远行，再也没回

当时，约翰・怀特在新世界创造了水彩画。他描绘了美洲当地人及北卡罗来纳州的风光，这为英国了解新世界做出了巨大贡献。怀特画了一个插图，描绘了一个本土美国男人和女人从篮子里拿东西吃的场景。

到弗吉尼亚。他写道，殖民地人民的生活依赖于“上帝仁慈的帮助”。他还写道，“我希望上帝能按照我的意愿赐予我财富”。怀特再没能远行回到新世界，他似乎在1593年后就销声匿迹了。历史学家并没发现历史文件中确切提到过他。一个叫约翰·怀特的人于1593年死于爱尔兰，另一个叫约翰·怀特的人死于1606年。这两个人哪个是弗吉尼亚的管理者尚不清楚。

雷利后来的探索

1590年，雷利的特权终止。他似乎对弗吉尼亚殖民地和殖民者的生存状况失去兴趣。1591年，他出资援助去往新世界的远行。远航的船队包括“希望号”和“小约翰号”。这次远航由约翰·怀特带领，任务是在北美洲沿岸进行海盗劫掠。船队并没打算探索罗诺克岛，寻找殖民者。4年后，雷利自己航行来到新世界。返航前，他探索了南美洲海岸，尤其是位于现今委内瑞拉的奥里诺科河。

1595年，雷利详细计划在北美洲建立另一个殖民地，但当时他无法组织远行。1602年，雷利筹集了足够的钱，派送了一艘小船队，任务是寻找罗诺克殖民者。他想再次宣称殖民地归属自己名下。他称，如果殖民者一直在弗吉尼亚生活，那么他的特权就一直有效。雷利命令将一些殖民者带回英国，很显然是想证明他的特权没有终止，因为他已经成功建立了殖民地。殖民者登上罗诺克岛已经15年了。

雷利的船队由经验丰富的海员塞缪尔·梅斯带领前往弗吉尼亚。梅斯决定不按照原有路线——向南航行至葡萄牙，然后向西航行至加勒比地区——去往美洲。雷利设计了直线航行线路，横跨大西洋。有时，船队航行越过未在地图上标记的海域，雷利成功带领船队向西航行，在如今北卡罗来纳州的开普菲尔登陆。

雷利还命令梅斯与印第安人交易，由此换来的在英国很值钱的物品能保证远行有充分的资金支持。在开普菲尔地区，梅斯的手下获得了黄樟。这种植物的根部可产油，用来制成香水、肥皂和其他东西。在航行途中，黄樟被误认为能治愈梅毒，这是一种欧洲当时十分常见、可致死的性传染病。由于人们误认的药用价值，黄樟在伦敦售价极高。虽然他的船队距罗诺克岛仅有约 200 英里（322 千米），但梅斯并不打算寻找罗诺克殖民者，而是返航回国。他告诉雷利天气变得恶劣，他不想沿海岸航行至罗诺克岛，损失自己值钱的货物。

雷利再没打算寻找丢失的殖民地。1603 年，他被控有叛国罪，被判死刑。他被监禁在伦敦塔直到 1616 年，詹姆士一世释放了他，让他组织远行前往南美洲，寻找黄金。雷利不顾詹姆士命令，袭击西班牙堡垒。在返回英国时，詹姆士逮捕了他，恢复了他的死刑。1618 年 10 月 29 日，沃尔特・雷利被斩首。虽然雷利两次努力在弗吉尼亚建立殖民地均以失败告终，但他的殖民尝试为后来英国成功建立殖民地提供了借鉴。这个新的殖民地建立在如今的弗吉尼亚，距罗诺克岛西北方向约 125 英里（200 千米）。

詹姆斯敦殖民地

1607 年 4 月，载有 105 个殖民者的 7 艘船航行至切萨皮克湾。在弗吉尼亚公司的财政支持下，殖民者们力求完成沃尔特・雷利爵士远行没有完成的事——在北美洲建立英国首个永久殖民地。他们将沿着一条大河的河岸建立殖民地，距大西洋约 40 英里（64 千米）。

詹姆斯敦殖民者知道雷利的殖民者 20 多年前不见了。他们几次努力寻找殖民者。1607 年 5 月，一群詹姆斯敦殖民者走进弗吉尼亚内部地区。乔治・柏西在日记中记述了一个可能与罗诺克殖民者有关的发现。他写道，“我们见到了一个土著男孩，大约 10 岁，头发金黄，皮肤白皙，这在土著人中是个奇迹”。历史学家相信，他们是在詹姆斯敦西北部的詹姆士河沿岸见到的这个男孩。

约翰・史密斯在他的詹姆斯敦殖民地回忆录中几次提到罗诺克殖民者。他遇到了一个印第安首领，该首领称在一个叫“奥克楠赫兰”的地方见到了穿着英式服装的人。史密斯又遇到了另一个印第安首领，他也说在那个地方见到了穿英式服装的人。他还说，另一个地方还有丰富的宝贝和被围起来的房子，就像詹姆斯敦殖民地的房子。

根据这两个人的描述，史密斯派一群殖民者寻找生活方式和着装都很像英国人的那些人。几天后，殖民者回来了，没打探到任何消息。那个印第安首领曾承诺带领殖民者们去那些人居住的地方，却只顾着从殖民者那寻找礼物，他似乎并不知道殖民者们在哪。

詹姆斯敦历史文献提供了有关罗诺克殖民者的其他线索和记载。在一张绘于 1608 年详细的地图上，史密斯标注了两个他认为罗诺克幸存者可能居住的地方，还标记了搜寻队曾寻找殖民者的地方。1609 年，弗吉尼亚公司高管向詹姆斯敦管理者下达指示。在《罗诺克岛：英殖民下的美洲文明开端》一书中，历史学家大卫·斯蒂克记述了这位高管的指示：

> 此外，你离罗诺克的铜矿越来越近，而且在另一个矿区，你会找到 4 个幸存的英国人。他们是老沃尔特·雷利留下的殖民者，侥幸逃脱了波瓦坦人对罗诺克人的屠杀。这几个人第一次来到我们的殖民地，由一个叫葛潘诺康的首领保护，这位首领是波瓦坦人的敌人，没有他的允许，你永远找不到那些幸存者。

1610 年，一份来自詹姆斯敦殖民地的官方报告称已经搜集了有关罗诺克殖民者的信息。报告说，他们还活着，生活在距詹姆斯敦 50 英里（80 千米）以内的地方。报告还说，两名詹姆斯敦殖民者发现十字和近期刻在树上的英文字母。

其他几个消息提到，波瓦坦人杀害了罗诺克殖民者。1612 年，英国作家威廉·斯特雷奇出版的报告中写道：“在利塔诺地区，艾延诺克首领留下 7 个英国人，让他们活着，4 个男人、2 个男孩还有 1 个年轻的女佣……为他打制铜器。”斯特雷奇还提到波瓦坦人：“他的确时常派人与我们商议，似乎是在等一个合适的机会……让我们制造与他当时将英国人赶出罗诺克岛使用的同样的铜器。”

詹姆斯敦殖民者最后一次提到罗诺克是在一份报告中，其中记载了 1612 年迈克·斯克矛带领的远行的结果。史密斯派 2 名值得信任的士兵，

约翰·史密斯在弗吉尼亚州遇见了美洲土著人。詹姆斯敦殖民者十分关心他们的罗诺克祖先，努力了解他们的现状。

在印第安人的引领下，执行任务。约翰·史密斯在回忆录中记述，他为斯克矛指明方向，告诉他如何寻找沃尔特·雷利丢失的殖民地。报告得出结论，“我们只知道他们全都死了，其他什么也不知道。”1612 年，詹姆斯敦殖民者似乎停止寻找罗诺克殖民者。他们没找到罗诺克殖民者的具体位置，也不确定任何有关殖民者的报告是否真实。詹姆斯敦殖民者不得不集中精力，确保自己的殖民地能存活。

第六章　消失的殖民地之谜

四个多世纪以来，罗诺克殖民者们神秘消失引发了人们的兴趣。在《罗诺克岛：英殖民下的美洲文明开端》一书中，大卫·斯蒂克评论道，“探险家、历史学家、考古学家、喜爱探索奥秘的人、业余侦探、小说家、编剧和江湖骗子们都在寻找雷利那片消失的殖民地。”多年来，人们找到许多线索，有许多发现，但仅有几个能提供有关殖民者命运的可靠信息。关于消失的殖民地到底发生了什么的各种言论都基于推测，凭猜想将线索拼凑起来。

揭开谜底

许多不同的理论都在解释消失的罗诺克殖民者。怀特发现了罗诺克殖民地的一棵树上刻有文字，所以他相信，就在他离开后不久或殖民者的食物供给不断减少时，殖民者搬去了克柔投安。1587 年 8 月，怀特回到英国，当时对于殖民者种植收获庄稼已经是一年中很晚的时候了。殖民者们本身带的食物就很少，再加上没有自己的庄稼，无法度过罗诺克岛的冬天。他们很可能求助于克柔投安人。

大多数历史学家认为，如果殖民者安然过冬，那么他们很可能在 1588 年春天搬去了大陆。大陆的土壤比罗诺克岛和克柔投安岛更优质，利于种植庄稼。在大陆定居也可以避免殖民者被过往外班克斯岛的西班牙船只发现。远离海岸线还可以保护他们免受夏季风暴袭击。在接下来的 20 年里，怀特没有带着供给回到殖民地，殖民者们很可能开始融入克柔投安社会，

接受克柔投安的生活方式。这个理论融合了有关罗诺克殖民者以及詹姆斯敦殖民者描述的关于罗诺克殖民者后代的生活场景的故事。

多年来，有关罗诺克殖民者的少量证据开始出现。1654 年，一个想通过交易获得海狸皮的英国人来到罗诺克岛。当地人带他看了看莱恩建的破旧的堡垒。6 年后，摩根·琼斯教士称自己在如今的北卡罗来纳州的纽斯河地区已向印第安人传教。他讲述到，印第安人有浅色的皮肤，可能说威尔士语。好几个罗诺克殖民者都来自威尔士。1670 年，探险家约翰·莱德勒来到罗诺克地区。在描述那段旅程时，他说“遇到了一个长满胡子的强大民族。”他认为那些人是西班牙人，因为他没见到过其他长胡子的印第安人。他的叙述后来被用来宣称这些人是罗诺克殖民者的后裔。

18 世纪初期以前，历史文献仅有几次提到罗诺克殖民地。约翰·劳森在他的著作《游历卡罗莱纳》（1709）中讲述了他在外班克斯岛的探索经历。劳森游览整个地区时还是卡罗莱纳英属殖民地的首席调查员（1712 年，该殖民地分为北卡罗来纳州和南卡罗来纳州）。他记载了自己参观莱恩堡垒废墟的旅程。在那，他见到了旧式英国硬币、一把枪和火药筒，还有小型加农炮。劳森写道，当地哈特勒斯印第安人告诉他：“他们的祖先，有几个是白人，还懂得书里的东西。”劳森观察到一些当地印第安人的眼睛是灰色的。然后他就提出了有关殖民者们命运的理论：

> 很有可能是殖民地没有及时得到英国的供给；也可能是殖民者们背叛了当地人，因为我们猜测那些英国人为了食物，为了生存，被迫与他们生活在一起，这种猜想也是合乎情理的；在当时那种情况下，为了与印第安人保持良好关系，他们适应了印第安人的生活方式。

劳森的书出版后，罗诺克殖民者的命运又被忽视了一个多世纪。詹姆斯敦殖民地的成功建立掀起了英国人进行殖民活动的极大热情。到 18 世纪末，英属殖民地沿着海岸已从乔治亚州扩展到马萨诸塞州，西至阿巴拉契亚山脉。然而，许多殖民者越来越不满英国统治。直到 18 世纪 70 年代，关于税收和其他事务的纠纷已演变成叛乱。1781 年，英国军队在弗吉尼亚州约克城投降，宣布这个新国家独立于英国。1819 年，总统詹姆斯·门罗在游览罗诺克岛时，参观了该岛堡垒的废墟。

在美国内战期间，人们又重新关注雷利消失的殖民地。就在邦联国家（包括北卡罗来纳）退出了联邦后不久，邦联部队占领了罗诺克岛。由于战略部署，联邦部队在 1862 年 2 月攻打了罗诺克岛，获得该岛的统治权。战争期间，联邦士兵一直待在岛上。他们经常没有什么可做的，就开始寻找罗诺克殖民者留下的东西。谣言流传岛上埋有宝藏，人们开始在莱恩修建的堡垒附近进行大规模挖掘。联邦军队在堡垒附近驻扎了卫兵，保护宝藏，不让他人盗走。

拉姆毕族

1888 年，业余历史学家汉密尔顿·麦克米伦撰写了一个小册子，描绘了他那在北卡罗来纳州罗伯逊县的混血邻居。在《沃尔特·雷利爵士消失的殖民地》一书中，他写道，拉姆毕族（他们自称为拉姆毕族）称自己是罗诺克殖民者和克柔投安印第安人的后裔。他们说，怀特没能回到殖民地后，两个种族开始通婚，后来他们的子孙搬去了罗伯逊县。

麦克米伦提到了拉姆毕族语与英语的相似之处，总结到“拉姆毕族语基本是纯正的古英语。”他还列举了几个与英语相似的拉姆毕族语单词，包括 mon（男人），aks（询问）和 housen（房子，复数）。他还提到“拉姆毕族常用的很多单词在英语国家已过时很久了。”麦克米伦确信自己解开了消失的殖民地之谜。

3 年后，另一个北卡罗来纳历史学家斯蒂芬·威克斯向美国历史学会提交了一份文件。在题为“消失的罗诺克殖民地：命运与幸存”的文件中，威克斯将自己在英国作家理查德·哈克路特对雷利殖民地的描述中发现的罗诺克殖民者的姓氏与拉姆毕族的姓氏进行对比。他指出，在罗诺克殖民者的 96 个姓氏中，拉姆毕族使用了 41 个。1907 年，另一个北卡罗来纳历史学家 R.D.W 康纳发表了一篇论文，支持麦克米伦的观点——拉姆毕族是

照片上是卢姆比学校二年级的学生，拍摄于1958年。卢姆比人称自己是罗诺克殖民者的后裔，当时这些殖民者抛弃了自己的殖民地，与克柔投安部落通婚。

罗诺克殖民者的后裔。他认为“其他任何有关拉姆毕族起源的理论都是落后的，他非常自信自己提出的理论符合逻辑，是历史上最好的。”

拉姆毕族恳求美国政府，要求官方认可他们的部落。1915年，印第安人事务局的一名工作人员写了一篇题为“北卡罗来纳州的印第安人”的报告，他总结道：“我敢十分肯定地说，最初在罗伯逊和北卡罗来纳州附近定居的印第安人是哈特勒斯印第安人与怀特消失的殖民地的印第安人的混血儿。”

兴趣高涨

拉姆毕族是罗诺克殖民者的后裔这一理论开始占有一席之地时，其他人提出了不同理论。一位历史学家认为殖民者们搬去了如今北卡罗来纳州的伯蒂县。另一个推断，殖民者们遭到波瓦坦人袭击时逃到了四面八方。他相信殖民者们在多个地方定居，包括纽斯河沿岸、帕姆利科湾沿岸和乔万河沿岸。

20 世纪 30 年代，随着罗诺克殖民地建立 350 周年纪念日的到来，人们对消失的殖民地的兴趣达到了巅峰。20 世纪 30 年代中期，联邦政府公共事业振兴署在罗诺克岛莱恩修建的堡垒附近搭建了几个小木屋。这个项目力求再现殖民地 1587 年时的模样。1937 年，岛上修建了剧院，北卡罗来纳州剧作家保罗·格林编写的戏剧《消失的殖民地》在此上映。

1938 年，历史学家罗伯特·E. 贝茨写了一篇文章，提出了有关罗诺克殖民地命运的新理论。他直指在欧洲英西间的冲突以及西班牙阻止英国在北美进行殖民活动所获的利益，得出结论，西班牙人要么袭击杀害了殖民者，要么说服了土著印第安人杀害殖民者。在休 T. 莱夫勒与艾伯特 R. 纽瑟姆合著的《北卡罗来纳：南部州的历史》（1954）一书中，两人提出了有关罗诺克殖民者的另一种理论。他们认为，殖民者们对获得供给十分绝望，于是乘着怀特留下的小船返回英国，“在大西洋迷失了”。

艾莉诺·戴尔的石头

1937 年，一个人带着一块大石头来到乔治亚州盖恩斯维尔的布瑞纳学院（现叫布瑞纳大学）。他称那块石头是在北卡罗来纳州伊登顿附近的乔万河沿岸找到的，他求助于海伍德·皮尔斯 Jr. 博士，帮他鉴别石头。那块石头重 21 磅（9.5 千克），刻满了图案，还写着大写的字母“EWD”。这些刻字很明显是艾莉诺·戴尔写给她父亲的，它们在传递信息——殖民者遭到印第安人袭击后，逃离了罗诺克岛。乔治亚州西部也发现了一块类似的岩石，在接下来的 3 年里，从北卡罗来纳州至乔治亚州还发现了其他 47 个刻有文字的岩石。

随着这些岩石被送到皮尔斯的办公室，皮尔斯越来越怀疑石头的来历。他让石匠看这些石头，石匠很确定地告诉他，现代技术做不出那样的刻字。他还让地质学家检验那些石头，地质学家得出结论，石头上的刻字已有上百年历史。艾莉诺·戴尔那 49 块石头共同讲述了罗诺克殖民者从北卡罗来纳来到的故事。1599 年，艾莉诺·戴尔去世。历史学家们研究那堆石

消失的殖民地

罗诺克岛历史协会委托普利策奖获得者——剧作家保罗·格林编写戏剧，庆祝雷利的殖民者来到罗诺克岛350周年。1937年7月4日，《消失的殖民地》在曼蒂奥（罗诺克岛小镇）的水边剧院上映。约2500名观众观看了该剧的首映。除了二战期间的几季停止演出，该戏剧自1937年以来每年夏天都有室外演出。300多万人看过该剧的户外演出。

格林采用对话、歌曲、舞蹈和音乐的形式讲述了罗诺克殖民地建立的故事，介绍了仍不知为何消失的殖民者们。该剧将历史史实——包括维吉纳被杀、殖民者来到罗诺克岛、弗吉尼亚·戴尔出生——与想象的场景相融合，激动人心地讲述了殖民者的故事。该剧剧末，殖民者们离开罗诺克岛去往克柔投安，殖民地的一个首领说“让苍茫的大地给予我们动力，带领我们前进吧，即便粉身碎骨，也不改初心。”该剧并没具体讲述殖民者们到底发生了什么。格林想让观众自己猜测殖民者们的命运。

头，声称有证据表明那堆石头是真的。这些石块最终破解了消失的殖民地之谜吗？

1940年，皮尔斯向某杂志投稿有关艾莉诺·戴尔石头的文章。在这篇文章发表前，《星期六晚间邮报》让记者博伊登·席爱德进行核实。在调查期间，席爱德得知有一些石头皮尔斯并没交给历史学家小组委员会。事实上，皮尔斯接触过的一些地质学家怀疑那些石头的真实性。语言学家告诉席爱德，石头上的一些文字在17世纪早期就变成了英语单词。石匠们告诉席爱德，那些刻字可以轻易伪造。这些证据使席爱德相信艾莉诺·戴尔的石头是精心设计的骗局。《星期六晚间邮报》拒绝发表皮尔斯的文章。后来，在20世纪40年代，人们发现了有可能是艾莉诺·戴尔写的日记。日记中写到，殖民者们在北卡罗来纳州中部的伊诺河沿岸定居。

对各种理论的批判

博伊登·席爱德调查揭露了艾莉诺·戴尔的石头是赝品，戳穿了他们讲述的罗诺克殖民者故事的谎言。发现艾莉诺·戴尔日记的人最终承认日

海伍德·皮尔斯 Jr. 博士研究了一块石头，她称这块石头由艾莉诺·戴尔题字，是一系列石头中的一个。这些石头似乎记述了罗诺克殖民者移居到如今乔治亚州的过程。

记是伪造的。其他有关殖民者命运的理论也同样遭到质疑。

某理论认为罗诺克殖民者试图航行返回英国。该理论的批评者指出，没有一个殖民者具有驾船横跨大西洋所需的经验。即便他们很努力，小船也不可能承载所有殖民者，一大批殖民者将被留下。这个理论并没解释这批留下的殖民者发生了什么。

16 世纪末的西班牙文献清楚地记载，当时西班牙政府已经知道英国想在北美建立殖民地。17 世纪初，西班牙船只不断来到切萨皮克湾地区，寻找英国殖民地。历史记载并未表明西班牙船队成功找到罗诺克殖民者，也没有任何证据支持西班牙人杀害了殖民者。

到 20 世纪 50 年代中期，有人提出假说认为，印第安人越来越担心英国殖民者的动机，与殖民者在北卡罗来纳沿岸发生冲突。越来越多的历史学家支持这一假说。怀特没能返回殖民地，殖民者们也许分散成几批，有的可能前往切萨皮克湾，其他人可能在注入外班克斯岛海域的河流沿岸定居之前继续留在克柔投安岛。也许生活在外班克斯岛或切萨皮克湾附近的印第安人杀害了一些殖民者或所有殖民者。

1959 年，在戏剧《消失的殖民地》幕间休息时，3 位专家在舞台上相遇。这 3 位知名的学者分别是:《罗诺克之行》的作者大卫・比尔斯奎恩、北卡罗来纳历史档案部主任克里斯多夫・克里滕登、北卡罗来纳大学历史学教授威廉・鲍威尔。他们探讨历史证据，分析关于罗诺克殖民地各种理论的优势与不足。3 位学者赞同有可靠证据支撑的结论。历史学家大卫・斯蒂克在《罗诺克岛：英殖民下的美洲文明开端》一书中总结了这些结论：

1. 西班牙人没有袭击殖民者。

2. 艾莉诺・戴尔的石头和日记都是假的。

3. 殖民者们没有足够大的船来承载所有人，如果有人试图航行返回英国，其他人就得留下。

4. 殖民者们打算离开罗诺克岛，搬去克柔投安岛，至少有一些殖民者是这样做的。

5. 当他们离开罗诺克岛，或后来离开克柔投安岛时，毫无疑问一些人可能分成两组或更多组，搬去了内陆地区。

6. 虽然一些人可能搬到了罗伯逊县，但他们的目的地更可能是乔万河地区或他们已经很熟悉的切萨皮克湾南部。

7. 基本确定波瓦坦人杀害了其中一些殖民者。但在打斗中宽恕妇女和儿童是印第安人一贯的原则，很明显一些男子也成功逃跑了。

8. 最终，毫无疑问，一大批殖民者在被遗留罗诺克岛后存活多年，至少一些人在詹姆斯敦殖民地建立前仍然活着，还与印第安人友好地生活在一起。

自 3 位专家见面后，他们发现了其他有关雷利殖民地的英国和西班牙文献。这些历史记载为支撑有关罗诺克殖民者到底发生了什么的现代理论提供了线索。

第七章　殖民者们发生了什么

自 1959 年 3 位学者得出有关雷利殖民地的结论后，又出现 3 个有关罗诺克殖民者命运的理论。第一个理论认为，有证据表明大部分殖民者搬到了切萨皮克湾地区，最终被印第安人杀害。第二个理论认为，殖民者们在一次与印第安人的冲突中被杀害，但他们从未到达切萨皮克湾，而是在北卡罗来纳的几个地方定居。第三个理论与前两个大相径庭，认为殖民者们密谋反抗雷利，不承认他在北美建立殖民地的特权，所以雷利故意将他们留在罗诺克岛，让他们等死。

殖民者在切萨皮克湾地区定居

爱尔兰历史学家大卫·比尔斯奎恩是公认的研究沃尔特·雷利爵士以及英国对美国的早期探索与殖民活动的知名专家。他曾发表许多有关罗诺克殖民地的学术论文，极具影响力，还出版过两本书，《罗诺克之行：1584—1590 年》(1955）和《罗诺克之旅与殖民，1584—1606 年》(1985)。奎恩基于调查，提出了自己的理论，他认为大部分殖民者在被波瓦坦印第安人杀害前就抛弃了罗诺克岛，在切萨皮克湾地区定居。奎恩的理论迅速为大众广泛接受。

怀特离开后

在《罗诺克之旅与殖民，1584—1606 年》一书中，奎恩论证了殖民者们在怀特回到英国后不久就分成了两批的观点。一小批殖民者留在罗诺克，等着怀特回来。另一批搬去了切萨皮克湾地区，如今弗吉尼亚州西南部诺福克附近的伊丽莎白河沿岸。雷利原打算在那建立殖民地。殖民者刚一到，就开始像原计划那样建造雷利城。奎恩认为，罗诺克岛建有永久殖民地缺乏证据支撑，这说明在冬季来临前，那些留在岛上等着怀特回来的殖民者就已经离开了。他们在树上刻“CROATOAN”是想告诉怀特，在克柔投安能找到他们。

1588 年，怀特没能回来，奎恩认为两批殖民者已经融入了当地友好的村落生活。由于曼蒂奥的影响，克柔投安人可能已经接受这批原本生活在外班克斯岛的殖民者融入他们的社会。切萨皮克湾地区的部落也许同样允许另一大批殖民者加入他们的部落。切萨皮克人从未对早期英国探险者和詹姆斯敦殖民者怀有敌意。奎恩相信，大部分殖民者，包括有孩子的家庭，加入了切萨皮克印第安人的部落，生活在如今弗吉尼亚海滩和切萨皮克湾周围的城市。奎恩指出，殖民者和他们的子孙在北卡罗来纳州和弗吉尼亚州出现，能解释 20 年后詹姆斯敦官员听到的有关英国人在那两个州附近居住的各种各样的故事和谣言。

结　局

奎恩认为，弗吉尼亚殖民地的建立导致罗诺克殖民者灭亡。由于有更多的资金支持，詹姆斯敦殖民地迅速在詹姆士河沿岸建立，距切萨皮克湾约 40 英里（64 千米）。弗吉尼亚当局命令殖民者们建立殖民地，寻找黄金，找到去往亚洲的航海路线。当局还命令殖民地官员寻找雷利殖民地的幸存者。詹姆斯敦官员们忙着建立自己的殖民地，探索附近的乡村，寻找黄金，仅有几次寻找过罗诺克殖民者。

奎恩认为，詹姆斯敦殖民地对当地印第安部落，尤其是强大的波瓦坦印第安部落，构成威胁。波瓦坦人约有 30 个不同的部落，由首领万哈撒拿考克统领，生活在从詹姆士河至波托马克河沿岸的 200 个村庄里。历史学家估计，17 世纪早期波瓦坦人口约达 8000。

波瓦坦人已经不信任欧洲人了。早在多年前，英国人远行探索时绑架

了几个波瓦坦人。殖民者来到詹姆斯敦的第一天晚上，波瓦坦士兵就袭击了他们，却被殖民者成功反击。后来，万哈撒拿考克见到詹姆斯敦官员时，误认为切萨皮克部落发起袭击并指责他们。

詹姆斯敦殖民者刚到时，罗诺克殖民者可能与切萨皮克印第安人一起生活。切萨皮克印第安人是波瓦坦人的敌人，幸存的罗诺克殖民者可能在切萨皮克与波瓦坦战争期间被杀害了。奎恩的理论基于一个波瓦坦首领的陈词，他说他亲眼见到罗诺克殖民者被杀害。奎恩认为，那些与北卡罗来纳州南部的印第安人一起生活的英国人就是那些与克柔投安人住在一起，等着怀特回来的殖民者。

殖民者在北卡罗来纳州定居

关于罗诺克殖民者发生了什么，历史学家詹姆斯·霍恩在其著作《奇怪的王国》（2010）中提出截然不同的观点。他强调，罗诺克殖民地是英西大规模冲突的一部分。霍恩认为，雷利确信“削弱菲利普二世权势最有效的手段就是袭击他在美洲的财产。”如果英国在切萨皮克湾地区建立殖民地，英国海盗就能有一个永久的基地，可以袭击加勒比海地区的西班牙船只。他们可以掠夺西班牙黄金和其他财宝。雷利于1587年建立的殖民地消失，计划中断。霍恩认为“约翰·怀特招募的那些在弗吉尼亚建立殖民地的男男女女从未到达切萨皮克湾；他们从未以雷利的名义建立城市，也没有发现金矿。”霍恩提出，罗诺克殖民者可能在北卡罗来纳州的几个地区定居。

怀特离开后

霍恩相信，有证据显示殖民者们在怀特回到英国后分成了两批。一小批殖民者去了克柔投安，等着怀特和供给船回来。克柔投安不能供养这么多殖民者，所以霍恩猜想，仅有24个殖民者来到岛上。这批殖民者可能包括带着孩子的家庭，可能还有一些为抵御抱有敌意的印第安人和西班牙船只的单身男子。

霍恩写到另一大批殖民者“可能有 90—100 人”，包括单身的男女和几对已婚夫妇。他们可能沿着一条注入阿尔伯马尔和帕姆利科湾的河流来到内陆，几次用船将人、供给和他们拆掉的房子运到新殖民地。

1588 年，怀特没回到殖民地时，那两批殖民者肯定非常担心。他们可能见面讨论了当时的局势。一些殖民者可能留在克柔投安等着怀特回来，其余的殖民者可能搬去了新殖民地。霍恩认为“也许大部分殖民者在他们的余生都与印第安人一起生活”。等了怀特几年后，两批殖民者很可能开始分散。男子们也许娶了当地乔瓦诺克印第安姑娘，组建了新的家庭。

殖民者们可能开始分散定居，在北卡罗来纳州东部河流沿岸的几片地区安定下来。霍恩相信，殖民者们可能在 4 个主要地区定居：罗诺克岛；凯西河岸；乔万河西岸；位于乔万河河口的奥凯奈赫曼。詹姆斯敦官方记录及詹姆斯敦殖民者的日记都提到了这些地方。到 16 世纪 90 年代中期，殖民者们可能永久地加入了几个印第安部落。

霍恩认为“1607—1609 年，英国人从本土印第安人那里得到明确消息，幸存者们仍在北卡罗来纳州内陆地区生活”。他猜想，20 多年来，幸存者们也许住在塔斯卡洛拉附近，与乔瓦诺克人和平共处。他们可能适应了印第安人的生活方式，学会了印第安语，也开始学习印第安人的穿衣风格。男人们和印第安男子一起打猎，一起参加战斗。女人们扮演起印第安妇女的角色，种植庄稼，照顾孩子和家庭。殖民者们可能为他们的新部落带来了欧洲特有技术，引进了不同的建筑技术，还教邻居们做铜饰品。

结　局

1609 年，一个叫曼查姆的波瓦坦印第安人来到伦敦。万哈撒拿考克派他洞察研究英国社会，并向自己汇报。英国作家威廉·斯特雷奇当时正计划去往弗吉尼亚，记录了曼查姆对自己家乡和人们的描述。曼查姆与斯特雷奇对话时，提到了住在詹姆斯敦南部的英国人。他告诉斯特雷奇，万哈撒拿考克的士兵杀害了大部分罗诺克殖民者。他继续说道，“那些逃离罗诺克大屠杀的英国人”教会了在詹姆士河南部生活的印第安人怎样用石头建

造房屋。他还说，一位极具权势的印第安领袖伊彦楠卡将 7 名幸存者扣留在罗诺克的铜矿里，该铜矿与如今北卡罗来纳州蓝岭山脉周围的海岸相距甚远。伊彦楠卡保护那些做铜饰品的英国人，不让他们受到波瓦坦人袭击。

斯特雷奇把曼查姆的故事讲给了弗吉尼亚殖民地的首领。殖民地官员运用这一信息，命令詹姆斯敦殖民者们寻找乔万河沿岸的罗诺克幸存者。霍恩写道，1610 年，鲍威尔和淘德克尔最后一次远行似乎证明了罗诺克殖民者无一幸存。然而，为让投资者对投资的项目感兴趣，弗吉尼亚殖民地官员印发传单误导大众，称詹姆斯敦殖民者已经找到雷利殖民地的幸存者。传单上写着，幸存者生活在距詹姆斯敦 50 英里内（80 千米）的地方。那个宣传小册子还编了一个故事——鲍威尔和淘德克尔已经找到了最近刻在树上的十字和英文字母，但本土印第安人却不让这两个人与殖民者们见面。

霍恩从曼查姆描述的细节中猜测，波瓦坦袭击发生于 1607 年春季。一些殖民者沿着乔万河向上游逃跑了。曼查姆并没说多少罗诺克殖民者在波瓦坦袭击中存活下来，但他明确地说，7 名殖民者被迫为一位有权势的首领

许多人相信，已经习惯了保护自己的罗诺克殖民者们被当地波瓦坦印第安人杀害。

制造铜饰品。

霍恩认为，后来的证据也许能支撑曼查姆的故事——1607 年，波瓦坦人杀害了大部分罗诺克殖民者。1650 年，爱德华·布兰德和其他 5 个英国人正在探索北卡罗来纳州内陆地区。他们的印第安向导带他们来到一片堆满了人骨的地方，还带他们去了波瓦坦首领杀害乔瓦诺克首领的地方。塔斯卡洛拉当地人告诉那 6 个人，波瓦坦人在那里杀害了 240 个塔斯卡洛拉人。霍恩写道，詹姆斯敦殖民者不再寻找黄金和罗诺克殖民者，詹姆斯敦殖民者与波瓦坦人之间的冲突才得到缓和。殖民者们一度生活安稳，专心种植烟草，这是一种他们可以运到伦敦、获益颇丰的作物。

霍恩评论道，非常不幸，罗诺克殖民者们定居的地方恰是印第安部落互相打斗的地方。波瓦坦人为扩张领土，多年来与乔瓦诺克人冲突不断。霍恩认为，詹姆斯敦殖民者的到来让万哈撒拿考克觉得罗诺克殖民者构成的威胁更大了。

虽然波瓦坦人有时与詹姆斯敦殖民者进行交易，并且对殖民者们很友好，但万哈撒拿考克可能一直密谋策划赶走英国殖民者。他可能害怕詹姆斯敦殖民者会直接攻打他的族人，或与其他印第安部落联合袭击他们。约翰·史密斯派了几个搜寻队寻找消失的殖民者。万哈撒拿考克可能听到了这个消息，于是命令他的手下找到所有罗诺克殖民者的下落，将他们全部杀死。也许他担心罗诺克殖民者会与詹姆斯敦殖民者一起攻打他的部落。霍恩写道，那时罗诺克殖民者可能“游走于詹姆斯敦殖民者和与他们一同生活的印第安人之间，劝他们建立联盟”。波瓦坦人不会冒风险让英国人与自己的敌人——乔瓦诺克人和塔斯卡洛拉人结盟。

密谋反抗雷利及他的特权

李米勒在她的著作《罗诺克：破解消失的殖民地之谜》（2000）中提出了开创性的理论，解释罗诺克殖民者发生了什么。她认为，雷利的殖民者被谋杀了，并不是简单的失踪了。根据文献和其他证据，米勒得出结论，也许是一位具有权势的英国政府官员暗地策划让殖民者们陷入困境，让沃

尔特·雷利名誉扫地，同时说服女王终止雷利的特权。米勒认为，弗朗西斯·沃尔辛厄姆就是那个密谋反对雷利和他的殖民地的政府官员。作为首席秘书（这一职位后被称为国务卿），沃尔辛厄姆是伊丽莎白女王的首要议臣。

动　机

米勒认为，沃尔辛厄姆将雷利视为争夺女王宠爱的对手。伊丽莎白虽然欣赏沃尔辛厄姆提出的建议和他自身的工作能力，但却从没向他示爱。然而，雷利却成为最受女王喜爱的人之一。她授予雷利战舰，让他在新世界向西班牙船只发起攻击。也许雷利的海盗计划对沃尔辛厄姆有关西班牙的个人政治规划造成了威胁。

沃尔辛厄姆破坏雷利的殖民活动也有个人原因。16 世纪 80 年代，他遇到了严重的财政困难。他女婿的去世使他背负了沉重的债务。他还用自己的钱来支撑庞大的间谍网。沃尔辛厄姆为还清巨额债务，想出了个方案。安东尼·巴宾顿曾密谋刺杀伊丽莎白女王，女王将他价值连城的房产没收，打算赠给某个议臣。沃尔辛厄姆私下努力让女王改变决定，这样女王就能把房产奖励给他。但女王却将房产授予雷利。米勒写道："雷利并没意识到，自己已成为沃尔辛厄姆最大的敌人。"

蓄意破坏

1583 年，汉弗里·吉尔伯特去世，沃尔辛厄姆努力为自己的继子保留吉尔伯特在北美建立殖民地的特权。他觉得自己成功了，但 1584 年 3 月，伊丽莎白女王却将特权授予雷利，吉尔伯特同父异母的兄弟。米勒写道，如果雷利成功在北美建立殖民地，那么他将成为"那片地区最富有、最具权势的人"。由于在宫廷里的职位，沃尔辛厄姆能打听到雷利的殖民地计划。沃尔辛厄姆的间谍网覆盖广泛，完全有能力暗中破坏雷利的北美探索活动。

米勒认为，1585 年沃尔辛厄姆第一次破坏雷利的殖民地。他重新调遣

弗朗西斯·沃尔辛厄姆爵士

沃尔辛厄姆约出生于1532年，曾就读于举世闻名的剑桥大学。然后，他继续在伦敦学习法律，后来在意大利学习罗马法。1565年，沃尔辛厄姆开始为英国政府工作，当时首席秘书威廉·塞西尔让他做自己的助手。

沃尔辛厄姆为塞西尔收集外国情报——有关其他政府及政府官员的信息。由于英国与西班牙冲突不断，他私下专心收集有关西班牙政府和军队的信息。他还收集英国内部情报。他调查了国内反对伊丽莎白女王的人密谋想要推翻她的统治或刺杀她的谣言。沃尔辛厄姆迅速名声大噪，成为经验丰富的间谍活动监管者。李米勒写道，他曾说过“情报是最亲密的朋友。”

沃尔辛厄姆与伊丽莎白政府其他有权势的官员结盟。在他的良师益友塞西尔的支持下，沃尔辛厄姆在政府的地位提升得很快。1570年，伊丽莎白任命他为英国驻法国大使。3年后，他接任塞西尔，成为首席秘书。在任职期间，沃尔辛厄姆说服伊丽莎白采取更积极的措施，反对菲利普二世扩张西班牙帝国。

在担任首席秘书的17年间，沃尔辛厄姆扩大了自己的情报网。到1582年，据传他手下有500多名间谍为他工作。他让消息灵通的人随时告诉自己有关英国国内伊丽莎白政治上的对手及持批评态度的人的最新消息，并支付工钱。他利用国外间谍密切关注西班牙、意大利、法国和其他对英国新教派女王抱有敌意的欧洲国家。历史学家威廉·卡姆登与沃尔辛厄姆是同时代的人，他写道“沃尔辛厄姆善于查出隐藏的秘密，赢得人们的青睐，并利用这些人达到自己的目的。”

那些本应为雷利在罗诺克岛的首个殖民地运送供给的船队。船队没有给拉尔夫·莱恩和他的殖民者们送去急需的供给，反而被派去袭击纽芬兰附近的西班牙渔船。米勒想，如果供给按计划送到罗诺克岛，莱恩和殖民者们

会不会与弗朗西斯·德瑞克爵士一起回到英国呢?

莱恩回到伦敦时，对弗吉尼亚赞不绝口。然而，伦敦迅速谣言四起，称弗吉尼亚土壤贫瘠。其他故事里讲，弗吉尼亚没有金矿，而且都是抱有敌意的野蛮人。因为这些谣言，人们对雷利殖民地项目的投资兴趣减弱了。

沃尔辛厄姆还可能暗地里诽谤雷利。很快，伊丽莎白宫廷和上流社会开始集中谈论雷利的影响力突然提升这件事。他实在是太受女王喜爱了，而且极具权势，十分富有。他对女王不忠。雷利本属于英国最具权势、最有影响力的群体，但他的形象却因这些类似的言论开始扭曲。

英国正流传着有关雷利的谣言时，西蒙·费尔南德斯准备放弃约翰·怀特的罗诺克岛殖民地。怀特在日记中记录了费尔南德斯的许多古怪行为。船队横跨大西洋，沿北美海岸线向北航行时，他拒绝减速，不管最小的船只能否跟得上整个船队。他不执行雷利的命令，没有在加勒比岛挑选供给。他似乎在每个关键时刻都违背怀特的意愿。

米勒指出，费尔南德斯与沃尔辛厄姆间存有潜在的联系。1577 年，费尔南德斯被控有盗窃罪，遭英国政府逮捕。虽然指证他的证据十分有力，但不知为何这位葡萄牙海员却被释放了。米勒得出结论，也许是一位有影响力的政府官员想利用费尔南德斯了解的西班牙航海路线到达新世界。如果沃尔辛厄姆就是那个官员，那么他可能将费尔南德斯纳入自己的间谍网。费尔南德斯一直为沃尔辛厄姆工作，因为他将自己救出了监狱。1578 年费尔南德斯再度出现，成为汉弗里·吉尔伯特前往新世界远行中的船员。也许沃尔辛厄姆想监视吉尔伯特的殖民活动。

9 年后，费尔南德斯又成为建立弗吉尼亚殖民地的关键人物。雷利让他统领船队，将怀特的殖民者送到北美。米勒认为，沃尔辛厄姆支付费尔南德斯报酬，让他破坏殖民地。雷利命令费尔南德斯停靠在罗诺克岛，接走格伦威尔留下的 15 个人。沃尔辛厄姆也许把这当成了抛弃殖民者的绝佳机会。他可能听过莱恩详细地讲述怀有敌意的塞克坦人及维吉纳被杀害的事。费尔南德斯将殖民者们丢在罗诺克岛，殖民者们可能遇到不怀好意的印第安人，遭遇飓风袭击，还可能让过往的西班牙船只发现。沃尔辛厄姆可能知道，雷利选切萨皮克湾作为殖民地，而不是罗诺克岛，是因为罗诺克岛的诸多不利因素。米勒认为，沃尔辛厄姆，也许是其他人，与费尔南德斯共同密谋将殖民者们留在罗诺克岛，让他们等死。他们用这种极端的手段阻挠雷利建立北美殖民地。

怀特回到伦敦汇报殖民地的情况时，雷利立即将供给船派往罗诺克岛。由于英西关系愈发紧张，英国枢密院严禁所有船只离港，除非紧急情况。雷利不顾枢密院的命令，出资让 7 艘船将供给送到殖民地，由理查德·格伦威尔统领船队。

枢密院害怕西班牙近期会攻打英国，命令格伦威尔的船只不许离港，但却允许其他船只航行。米勒相信，沃尔辛厄姆操纵枢密院，让其密切关注雷利的船只。枢密院将船只派给了沃尔辛厄姆的朋友，弗朗西斯·德瑞克，他当时正准备英国的海军力量，对抗西班牙。在于西班牙无敌舰队的战争中，德瑞克并没动用格伦威尔的船只。1588 年 8 月，德瑞克将船只还给了雷利。但对于格伦威尔来说，当时已是一年中很晚的时节了，无法起航前往北美洲。

不知怎么回事，雷利很快就不再像以前那样辉煌了。他在日记中写道，他犯了错误，还因“严重的叛国罪”被惩罚。米勒猜测，在英国防御西班牙无敌舰队突袭的那段时间，雷利控告沃尔辛厄姆破坏他的殖民地。雷利不可以再回到王宫，于是来到了爱尔兰。1589 年 3 月，他返回伦敦，回到了伊丽莎白王宫。伊丽莎白似乎原谅了他犯的错误。

雷利马上开始再次组织远行，为自己的殖民地送去供给。不知为何，船队当年没有离开。1590 年 4 月，沃尔辛厄姆去世。一个月后，雷利的小船队与约翰·怀特所在的“希望号”一同起航。船队抵达罗诺克岛时，怀特发现小岛已经被废弃了。暴风雨袭来，船队被迫远离岸边，所以怀特无法寻找殖民者。

16 世纪 90 年代，雷利遇到了许多政治和法律问题。1592 年，他被指控为无神论者，这在当时的英国是很严重的冒犯行为。同年，雷利未得到女王的允许私自与宫女结婚，因此被伊丽莎白监禁。4 个月后，他被释放，不

允许再踏进王宫。1597 年，伊丽莎白允许雷利返回宫廷。在接下来的 6 年里，雷利又组织了几次远行，寻找罗诺克殖民者，这些远行全以失败告终。1603 年，最后一次远行失败，伊丽莎白女王去世。

詹姆士一世继承英国王位，此后雷利就像被下了符咒一样，麻烦接连不断。雷利和詹姆士对许多政治问题持不同观点。尤其是雷利支持攻打西班牙，而詹姆士却主张和平。不久，雷利因叛国罪被逮捕。他的财产，包括在弗吉尼亚建立殖民地的特权，均被没收。虽然指证雷利的证据尚有疑点，对雷利的审判也存有不公，但雷利仍被判死刑。

雷利的特权不再有效，因此许多具有影响力、富有的英国人争相在北美洲建立殖民地。伦敦公司（后称为弗吉尼亚公司）开始打广告，吸引投资商。罗伯特·塞西尔爵士和雷利的几个竞争对手担任公司经理。1607 年 4 月，船队带着超过 105 名英国殖民者来到了切萨皮克湾。殖民者们在弗吉尼亚公司的资助下，在北美洲建立了首个英国永久殖民地。他们以英国国王的名义将自己的村庄命名为“詹姆斯敦”。

结　局

像奎恩和霍恩一样，米勒认为，怀特离开后不久殖民者们就离开了罗诺克岛。一些人去了克柔投安，等着怀特回来。大部分人搬到了内陆，在乔万河沿岸安定下来，与友善的乔瓦诺克人一起聚居。米勒认为，沃尔辛厄姆阻碍雷利和怀特为殖民地运送供给。米勒写道，“他狡猾地掩盖了诽谤雷利的罪行，使雷利无法得救”。她还写道：

> 西班牙无敌舰队束手无策，与人们脑中的形象截然相反。尽管在战争期间，其他船只也成功抵达了东印度群岛。但雷利的船队却没到达；有人故意安排了这一切，从这个意义上来讲，无敌舰队恰好是个推脱的借口。其实，消失的殖民地根本从未消失，而是被人故意隐藏起来，不让殖民地接触外部世界。

雷利与伊丽莎白女王的关系使得他与皇家宫廷走得很近。但詹姆士一世登上王位后，一切都变了。雷利被控有叛国罪，于1618年被斩首。

米勒认为，沃尔辛厄姆死后，密谋反抗雷利和他的殖民地并没就此结束。许多印第安故事都与生活在詹姆斯敦南部的英国人有关，这些故事和官方殖民地报告都表明，弗吉尼亚公司和詹姆斯敦官员知道罗诺克殖民者在哪生活。米勒猜想，那些官员从没想真正与殖民者联系。米勒认为“詹姆斯敦调查员没有找到有关消失的殖民者的证据，这并非事实。他们只是没向大众公布他们的发现”。

米勒认为，1612 年迈克·斯克矛在寻找殖民者时，殖民者们就已身患重病。也许只有几个人活了下来，但他们却被一位有权势的首领奴役，被迫制作铜饰品。也许出于某些原因，弗吉尼亚公司没有向公众透露罗诺克幸存者的命运。如果人们听说印第安人奴役英国殖民者、殖民者们还疾病缠身，垂死挣扎，那么吸引投资商，说服人们去弗吉尼亚定居就会变得很困难。

第八章　消失的殖民地

没有人确切地知道雷利消失的殖民地发生了什么。在《罗诺克之旅与殖民，1584—1606年》一书中，大卫·比尔斯奎思写道，要想解释雷利消失的殖民地的故事"必须大胆想象历史"。关于殖民者们到底发生了什么的可靠信息很少。许多努力破解消失的殖民地之谜的学者和业余历史学家因证据缺乏，十分挫败。几个世纪以来，许多人都提出了有关罗诺克殖民地命运的理论。有些理论与现存的证据不符。有些理论基于后来被证明是虚假的事实。其他理论，包括艾莉诺·戴尔的石头和日记，都是骗局。

对詹姆斯敦殖民者的记载也许提供了有关殖民者命运的最好线索。殖民者们探索殖民地附近的区域时，本土印第安人给他们讲了与他们着装相同的人的故事。有关居住在詹姆斯敦南部及利塔诺铜矿的英国人的信息可信度很大。这些叙述的来源不同，但其中的细节却相似。印第安人似乎没有理由编造这样的故事。罗诺克殖民者身陷困境仅是20年前的事，所以这些信息是最新的，而且合情合理。詹姆斯敦殖民者抵达时，许多罗诺克殖民者也许还活着。

如果这些故事和情景是真实的，那么罗诺克殖民者和他们的孩子可能仍让人心存疑问。但也要考虑其他可能的情况。罗诺克殖民者在那片地区并不是唯一陷入困境的英国人。1585年，理查德·格伦威尔爵士在罗诺克岛留下15个人。其中一人在敌方袭击堡垒时被杀害，其余14人最后一次出现时，正乘着船逃离小岛。詹姆斯敦殖民者听说的那些英国人可能是早期消失的殖民者，也可能是他们与印第安妇女的后代。证据显示，在詹姆

斯敦殖民者到达前，西班牙企图在切萨皮克湾建立军事据点。近海的印第安人还讲过“船只在岸边失事，白人遇难”的故事。詹姆斯敦殖民者脑中的形象可能是西班牙士兵的后代或遇难的幸存者。

现代理论

仍有许多人支持大卫·比尔斯奎恩的理论。他认为，大部分殖民者加入了切萨皮克印第安人的部落，如今那里已是弗吉尼亚海滩城和切萨皮克城。他的理论与许多已知的证据吻合。与其他理论相比，他有关“殖民者离开罗诺克岛后到底去了哪里”的结论大部分基于猜测。并无确凿证据表明，波瓦坦人在与切萨皮克人的战争期间杀害了英国人。历史也并没记载，切萨皮克印第安人让欧洲人与他们一起生活。

詹姆斯·霍恩认为，罗诺克殖民者在北卡罗来纳州定居，融入了乔瓦诺克人和塔斯卡洛拉人的生活。他的理论有助于解释后来在北卡罗来纳州找到的线索。殖民者们也许选择在距罗诺克岛更近的地方定居，这样就能与搬去克柔投安的殖民者们保持联系。他们也许用了约翰·怀特绘制的该地区的地图。他们可能在与乔瓦诺克人和塔斯卡洛拉人并肩作战时被杀害。

李米勒的理论基于许多猜想。她认为弗朗西斯·沃尔辛厄姆爵士故意谋划抛弃罗诺克殖民者。沃尔辛厄姆似乎有动机、也有办法破坏雷利的殖民地，但让费尔南德斯把殖民者们留在罗诺克岛的计划看起来风险很大。他不能确保，费尔南德斯把殖民者抛弃在罗诺克岛后，雷利的殖民地不会再得到供给。这样的密谋策划需要头脑，还要有许多人配合。没有人承认谋反，也没有直接证据证明曾有人策划谋反。米勒认为殖民者们死于疾病，这倒是合乎情理，但仍没有确凿的证据。

继续搜寻

历史学家、考古学家和业余侦探仍继续努力解开消失的殖民地之谜。早在 17 世纪 50 年代，拉尔夫·莱恩的堡垒就开始吸引众多寻找历史回忆的人来到罗诺克岛。美国内战期间，士兵们挖出了许多能追溯到 16 世纪 80

雷利堡垒国家历史遗址

1894 年，非营利性的罗诺克殖民地纪念协会买下了包尔夫·莱恩堡垒所在的那片地区。为重现罗诺克殖民地的风貌，该协会在那修建了露天的剧院和几个木屋。1940 年，该协会将堡垒和周围的 20 英亩土地转让给了国家公园管理局。一年后，国家公园管理局将那片地方命名为雷利堡垒国家历史遗址。

如今，该遗址根据莱恩 1585 年在波多黎各修建的堡垒，再现了莱恩的东部堡垒。人们至今没有找到 1587 年殖民者们建造房屋的地方。殖民者们很可能没打地基，直接用木头在地上盖房子，这使调查人员很难确定殖民地的位置。殖民很可能位于堡垒西部，小岛北部的尽头。

雷利堡垒常年对游客开放，里面的游客中心设有关于修复的堡垒和 1585 年及 1587 年殖民者的展览。该遗址兼具自然景观之美及历史遗迹之古韵。每年夏天，水边剧院都会上演保罗·格林的戏剧《消失的殖民地》。

年代的手工艺品。如今，那座堡垒已成为美国国家公园管理局雷利堡垒历史遗址的一部分。

考古学家在雷利堡垒进行考古挖掘工作，寻找关于殖民地的证据。自 20 世纪 40 年代以来，考古学家找到了许多 1585 年殖民地或 1587 年消失的殖民地留下的东西。2000 年，科学家们开始用雷达仪器探测地下的东西。他们发现了一个有金属的地方，那可能是当年莱恩的殖民者制造铜器的地方，并检验当地的岩石是否含有金或其他贵重金属。2002 年，有人在罗诺克岛北部海域游泳时，踩到了一把 16 世纪的斧头。科学家们根据这个发现猜想 1587 年殖民者们的聚居地现在是不是在水底。自 16 世纪 80 年代以来，岛上多达 440 码（402 米）的土地也许因流沙和侵蚀作用消失了。

消失的罗诺克殖民地之谜依旧吸引着人们。考古学家在北卡罗来纳州的雷利堡垒国家历史遗址进行考古挖掘工作。

2008 年，非营利性的首个殖民地基金资助了一组考古学家，他们开始在雷利堡垒附近进行考古挖掘工作。该小组在艾力克·克林格霍弗和尼古拉斯·卢克迪的带领下，应用遥感设备和水底科技寻找罗诺克殖民者留下的东西。他们发现了能追溯到 16 世纪的陶瓷碎片。很有可能是罗诺克人制造陶瓷，然后卖给殖民者。考古学家还复原了也许是装雨水的木桶或一口井的部分木头碎片。研究证明，这些木头源于 16 世纪。专家组还发现了许多其他东西：钉子、玻璃珠子、法国陶瓷细颈瓶碎片、印第安烟斗和陶器。

最惊人的发现是一条由 14 个方形的铜制吊坠制成的项链。专家组仍继续寻找殖民地的手工艺品，希望确定殖民地的位置。

未解之谜

没有证据证实殖民者们成功建立了雷利城。人们唯一知道的就是，殖民者们生活在新世界殖民地，这是约翰·怀特于 1590 年回到罗诺克岛时在堡垒附近发现的。刻有字母“CRO”和“CROATOAN”的那棵树和柱子很久以前就腐烂了。但如今在雷利堡垒国家历史遗迹生长的大树在 1587 年殖民者上岸时还只是小树苗。除了在美国内战期间，其他时候雷利堡垒都保持完好无损。科学家们可能会找到殖民者聚居地和其他手工艺品。

消失的殖民地依然是个未解之谜。400 多年后，学者们和研究人员仍不知道殖民者们发生了什么。历史学家仍从原始的文献来源中寻找线索。考古学家继续挖掘罗诺克岛的土地。罗诺克殖民地的命运依旧无人知晓，也许正等着有人来揭秘。

时间表

1552 年　沃尔特·雷利出生。

1558 年　伊丽莎白一世成为英国女王。

1562 年　约翰·霍金斯是英国第一位远航抵达美洲的船长。

1572 年　弗朗西斯·德瑞克袭击西班牙港口及加勒比地区的西班牙船只。

1578 年　伊丽莎白授予汉弗里·吉尔伯特特权，允许他在北美洲建立殖民地。吉尔伯特第一次远行未能到达北美洲。

1582 年　雷利成为宫廷里十分受欢迎的人。

1583 年　吉尔伯特死于航海途中。

1584 年　伊丽莎白把吉尔伯特的特权转给雷利。雷利派菲利普·阿玛达斯和亚瑟·巴洛尔探索北美洲。他们沿着北美洲海岸线航行，探索外班克斯岛地区，将曼蒂奥和旺奇斯带回英国。

1585 年　理查德·格伦威尔的船队带着 7 艘船和 600 个人，离开了普利茅斯。拉尔夫·莱恩等 109 个人开始在罗诺克岛修建堡垒。

1586 年　莱恩派一艘船去罗诺克岛北部地区探索。他们发现了切萨皮克湾。莱恩和他的手下杀死了维吉纳。弗朗西斯·德瑞克爵士的船队抵达，莱恩决定撤离殖民地。后来，格伦威尔带着供给和更多的殖民者来到殖民地。他留下 15 个人保护堡垒。

1587 年　4 月，约翰·怀特和他的殖民者们离开普利茅斯，7 月末到达罗诺克岛。西蒙·费尔南德斯拒绝带他们去切萨皮克湾。怀特返回英国寻求帮助。117 个殖民者留在了罗诺克岛。

1588 年　3 月，英国枢密院发布命令，全面禁止船只活动，不允许格伦威尔的供给船离港。怀特试图劫掠其他船只，返回罗诺克岛，但船队被迫返回英国。一艘被派出寻找英国殖民者的西班牙船只发现罗诺克岛已经废弃了。英国海军击败了西班牙无敌舰队。

1590 年　怀特回到罗诺克岛。他发现殖民地已废弃，树上和柱子上还刻有信息。天气恶劣，船只被迫返回英国。怀特无法在克柔投安岛寻找殖民者。

1592 年　雷利因与伊丽莎白・斯罗克莫顿结婚被监禁。

1602 年　雷利派塞缪尔・梅斯前往外班克斯岛。他并没寻找殖民者。

1603 年　雷利派巴塞洛缪・吉尔伯特前往切萨皮克湾，但印第安人杀了吉尔伯特。伊丽莎白女王逝世，詹姆士一世继承王位。雷利被控有叛国罪，因此入狱。

1607 年　弗吉尼亚公司成立，并资助船队带着 105 个殖民者前往弗吉尼亚。船队于 12 月出发。

1607 年　弗吉尼亚公司资助的船队抵达切萨皮克湾。殖民者们在詹姆士河沿岸建立了詹姆斯敦殖民地。波瓦坦印第安人可能袭击了乔瓦诺克人、塔斯卡洛拉人和切萨皮克人。詹姆斯敦首领约翰・史密斯听说，一些罗诺克殖民者可能生活在詹姆斯敦南部。

1608 年　史密斯组织远行，寻找消失的殖民者。

1609 年　500 多个殖民者抵达詹姆斯敦。史密斯再次组织远行，寻找罗诺克殖民者。秋季，英国与波瓦坦爆发战争。

1616 年　詹姆士一世从狱中释放雷利，让他组织远行前往南美洲，寻找黄金。

1618 年　雷利因袭击南美洲的西班牙人被处死。

1701 年　约翰・劳森遇到了一群来自罗诺克岛的哈特勒斯印第安人。他们给劳森讲有关他们的英国祖先的故事。

1888 年　汉密尔顿・麦克米伦发表文章称北卡罗来纳州的拉姆毕族是罗诺克殖民者的后裔。

1937 年　戏剧《消失的殖民地》第一次演出。

1940 年　一名记者揭露，艾莉诺·戴尔的石头是一场骗局。

1987 年　这一年是殖民者到达罗诺克岛的 400 周年纪念。

2004 年　首个殖民地基金会成立，为有关罗诺克殖民者的调查研究提供资金支持。

2008 年　首个殖民地基金会的调查员在罗诺克岛发现了能追溯到 16 世纪 80 年代的手工艺品。

时间轴

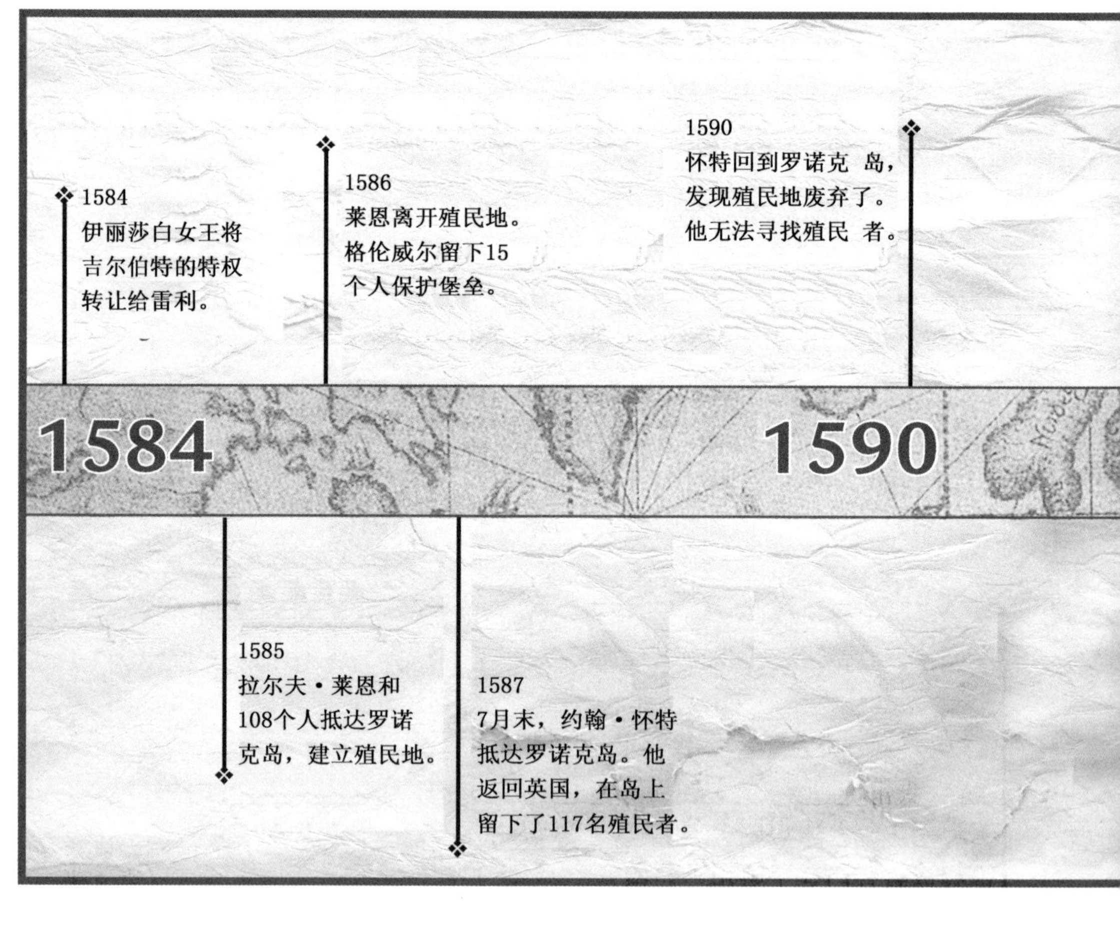
1584
伊丽莎白女王将
吉尔伯特的特权
转让给雷利。
1586
莱恩离开殖民地。
格伦威尔留下15
个人保护堡垒。
1590
怀特回到罗诺克 岛，
发现殖民地废弃了。
他无法寻找殖民 者。
1584
1590
1585
拉尔夫·莱恩和
108个人抵达罗诺
克岛，建立殖民地。
1587
7月末，约翰·怀特
抵达罗诺克岛。他
返回英国，在岛上
留下了117名殖民者。

1607 — 2008

1607
弗吉尼亚公司在詹姆士河沿岸建立了殖民地。

1608
史密斯组织远行寻找消失的殖民者。

1612
斯克矛回到詹姆斯敦，此次远行并没找到罗诺克发殖民者。

1937
戏剧《消失的殖民地》首次上演。

2008
首个殖民地基金会的调查人员在罗诺克岛发现了可追溯到16世纪80年代的手工艺品。